DISCOURS, MESSAGES

ET

PROCLAMATIONS

DE

L'EMPEREUR.

DISCOURS, MESSAGES

ET

PROCLAMATIONS

DE

L'EMPEREUR

DEPUIS SON RETOUR EN FRANCE JUSQU'AU 1er JANVIER 1855.

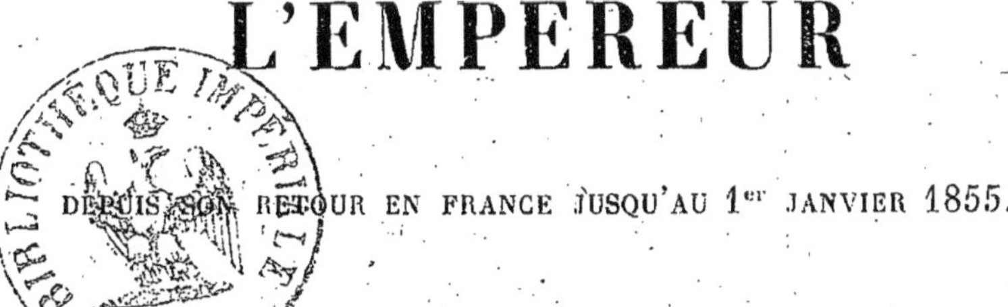

PARIS

TYPOGRAPHIE DE PLON FRÈRES,

IMPRIMEURS DE L'EMPEREUR,

RUE GARANCIÈRE, 8.

1855

DISCOURS ET PROCLAMATIONS

ANNÉE 1849.

Quelques jours avant le vote du 10 décembre, le Président de la République avait adressé à ses concitoyens le manifeste suivant :

LOUIS-NAPOLÉON BONAPARTE

A SES CONCITOYENS.

Pour me rappeler de l'exil, vous m'avez nommé représentant du peuple. A la veille d'élire le premier magistrat de la République, mon nom se présente à vous comme symbole d'ordre et de sécurité.

Ces témoignages d'une confiance si honorable s'adressent, je le sais, bien plus à mon nom qu'à moi-même, qui n'ai rien fait encore pour mon pays ; mais plus la mémoire de l'Empereur me protége et inspire vos suffrages, plus je me sens obligé de vous faire connaître mes sentiments et mes principes. Il ne faut pas qu'il y ait d'équivoque entre vous et moi.

Je ne suis pas un ambitieux qui rêve tantôt l'Em—

pire et la guerre, tantôt l'application de théories
subversives. Élevé dans les pays libres, à l'école du
malheur, je resterai toujours fidèle aux devoirs que
m'imposeront vos suffrages et les volontés de l'Assemblée.

Si j'étais nommé Président, je ne reculerais devant
aucun danger, devant aucun sacrifice, pour défendre
la société si audacieusement attaquée; je me dévoue-
rais tout entier, sans arrière-pensée, à l'affermissement d'une république sage par ses lois, honnête
par ses intentions, grande et forte par ses actes.

Je mettrais mon honneur à laisser, au bout de
quatre ans, à mon successeur, le pouvoir affermi,
la liberté intacte, un progrès réel accompli.

Quel que soit le résultat de l'élection, je m'incli-
nerai devant la volonté du peuple, et mon concours
est acquis d'avance à tout gouvernement juste et
ferme, qui rétablisse l'ordre dans les esprits comme
dans les choses; qui protége efficacement la religion,
la famille, la propriété, bases éternelles de tout état
social; qui provoque les réformes possibles, calme
les haines, réconcilie les partis, et permette ainsi à
la patrie inquiète de compter sur un lendemain.

Rétablir l'ordre, c'est ramener la confiance, pourvoir par le crédit à l'insuffisance passagère des ressources, restaurer les finances.

Protéger la religion et la famille, c'est assurer la
liberté des cultes et la liberté de l'enseignement.

Protéger la propriété, c'est maintenir l'inviolabilité des produits de tous les travaux; c'est garantir

l'indépendance et la sécurité de la possession, fon-
dements indispensables de la liberté civile.

Quant aux réformes possibles, voici celles qui me
paraissent les plus urgentes :

Admettre toutes les économies qui, sans désorga-
niser les services publics, permettent la diminution
des impôts les plus onéreux au peuple ; encourager
les entreprises qui, en développant les richesses de
l'agriculture, peuvent en France et en Algérie donner du travail aux bras inoccupés ; pourvoir à la
vieillesse des travailleurs par des institutions de prévoyance ; introduire dans nos lois industrielles les
améliorations qui tendent, non à ruiner le riche au
profit du pauvre, mais à fonder le bien-être de chacun sur la prospérité de tous ;

Restreindre dans de justes limites le nombre des
emplois qui dépendent du pouvoir, et qui souvent
font d'un peuple libre un peuple de solliciteurs ;

Éviter cette tendance funeste, qui entraîne l'État à
exécuter lui-même ce que les particuliers peuvent
faire aussi bien et mieux que lui. La centralisation
des intérêts et des entreprises est dans la nature du
despotisme. La nature de la République repousse le
monopole ;

Enfin, préserver la liberté de la presse des deux
excès qui la compromettent toujours : l'arbitraire et
sa propre licence.

Avec la guerre, point de soulagement à nos maux.
La paix serait donc le plus cher de mes désirs. La
France, lors de sa première révolution, a été guer-

rière parce qu'on l'avait forcée de l'être. A l'invasion, elle répondit par la conquête. Aujourd'hui qu'elle n'est pas provoquée, elle peut consacrer ses ressources aux améliorations pacifiques, sans renoncer à une politique loyale et résolue. Une grande nation doit se taire, ou ne jamais parler en vain.

Songer à la dignité nationale, c'est songer à l'armée, dont le patriotisme si noble et si désintéressé a été souvent méconnu. Il faut, tout en maintenant les lois fondamentales qui font la force de notre organisation militaire, alléger et non aggraver le fardeau de la conscription. Il faut veiller au présent et à l'avenir, non-seulement des officiers, mais aussi des sous-officiers et des soldats, et préparer aux hommes, qui ont servi longtemps sous les drapeaux, une existence assurée.

La République doit être généreuse et avoir foi dans son avenir; aussi, moi qui ai connu l'exil et la captivité, j'appelle de tous mes vœux le jour où la patrie pourra sans danger faire cesser toutes les proscriptions et effacer les dernières traces de nos discordes civiles.

Telles sont, mes chers concitoyens, les idées que j'apporterais dans l'exercice du pouvoir, si vous m'appeliez à la présidence de la République.

La tâche est difficile, la mission immense, je le sais! Mais je ne désespérerais pas de l'accomplir en conviant à l'œuvre, sans distinction de parti, les hommes que recommandent à l'opinion publique leur haute intelligence et leur probité.

D'ailleurs, quand on a l'honneur d'être à la tête du peuple français, il y a un moyen infaillible de faire le bien : c'est de le vouloir.

Louis-Napoléon Bonaparte.

10 *décembre* 1848. — Cinq millions et demi de suffrages appellent Louis-Napoléon Bonaparte à la présidence de la République.

20 *décembre*. — Louis-Napoléon Bonaparte est proclamé par l'Assemblée nationale. Il prononce à la tribune le discours suivant :

Citoyens Représentants,

Les suffrages de la nation et le serment que je viens de prêter commandent ma conduite future. Mon devoir est tracé ; je le remplirai en homme d'honneur.

Je verrai des ennemis de la patrie dans tous ceux qui tenteraient de changer, par des voies illégales, ce que la France entière a établi.

Entre vous et moi, citoyens Représentants, il ne saurait y avoir de véritables dissentiments. Nos volontés, nos désirs, sont les mêmes.

Je veux, comme vous, rasseoir la société sur ses bases, affermir les institutions démocratiques, et rechercher tous les moyens propres à soulager les maux de ce peuple généreux et intelligent, qui vient de me donner un témoignage si éclatant de sa confiance.

La majorité que j'ai obtenue non-seulement me

pénètre de reconnaissance, mais elle donnera au Gouvernement nouveau la force morale sans laquelle il n'y a pas d'autorité.

Avec la paix et l'ordre, notre pays peut se relever, guérir ses plaies, ramener les hommes égarés, et calmer les passions.

Animé de cet esprit de conciliation, j'ai appelé près de moi des hommes honnêtes, capables et dévoués au pays, assuré que, malgré les diversités d'origine politique, ils sont d'accord pour concourir avec vous à l'application de la Constitution, au perfectionnement des lois, à la gloire de la République.

La nouvelle administration, en entrant aux affaires, doit remercier celle qui la précède des efforts qu'elle a faits pour transmettre le pouvoir intact, pour maintenir la tranquillité publique.

La conduite de l'honorable général Cavaignac a été digne de la loyauté de son caractère et de ce sentiment du devoir qui est la première qualité du chef d'un État.

Nous avons, citoyens Représentants, une grande mission à remplir : c'est de fonder une République dans l'intérêt de tous, et un Gouvernement juste, ferme, qui soit animé d'un sincère amour du progrès, sans être réactionnaire ou utopiste.

Soyons les hommes du pays, non les hommes d'un parti, et, Dieu aidant, nous ferons du moins le bien, si nous ne pouvons faire de grandes choses.

19 février. — Le Président de la République passe

en revue 26,000 hommes de troupes réunies au
Champ-de-Mars. A la suite de cette revue, il adresse
au général Changarnier la lettre suivante :

« Mon cher général,

» Je vous prie de témoigner aux divers corps
dont j'ai passé la revue aujourd'hui ma vive satisfaction pour leur belle tenue, et toute ma reconnaissance pour leur accueil sympathique.

» Avec de semblables soldats notre jeune Répu
blique ressemblerait bientôt à son aînée, celle de
Marengo et Hohenlinden, si les étrangers nous y
forçaient. Et à l'intérieur, si les anarchistes rele-
vaient leur drapeau, ils seraient aussitôt réduits à
l'impuissance par cette armée toujours fidèle au devoir et à l'honneur.

» Faire l'éloge des troupes, c'est faire l'éloge du
chef qui les commande.

» Veuillez bien, mon cher général, lever les puni-
tions pour fautes de discipline.

» Je suis heureux de cette nouvelle occasion de
vous exprimer mes sentiments particuliers de haute
estime et d'amitié.

» LOUIS-NAPOLÉON BONAPARTE. »

25 *février*. — Inauguration du chemin de fer de
Compiègne à Noyon.

Le Président prononce le discours suivant :

« Je vous remercie, monsieur le Maire, des paro-

les que vous venez de faire entendre, et de l'accueil
que me fait avec vous la ville de Noyon.

» Les espérances, qu'a fait concevoir au pays mon
élection, ne seront point trompées ; je partage ses
vœux pour l'affermissement de la République ; j'espère que tous les partis, qui ont divisé le pays depuis
quarante ans, y trouveront un terrain neutre, où ils
pourront se donner la main pour la grandeur et la
prospérité de la France. »

10 *avril.* — Le Président de la République adresse
au prince Napoléon-Jérôme, ambassadeur à Madrid,
la lettre suivante :

Elysée-National, le 10 avril 1849.

« Mon cher cousin,

» On prétend qu'à ton passage à Bordeaux tu as
tenu un langage, propre à jeter la division parmi les
personnes les mieux intentionnées. Tu aurais dit
« que, dominé par les chefs du mouvement réac-
» tionnaire, je ne suivais pas librement mes inspi-
» rations ; qu'impatient du joug, j'étais prêt à le
» secouer, et que, pour me venir en aide, il fallait,
» aux élections prochaines, envoyer à la Chambre
» des hommes hostiles à mon Gouvernement, plutôt
» que des hommes du parti modéré. »

» Une semblable imputation de ta part a le droit
de m'étonner. Tu me connais assez pour savoir que
je ne subirai jamais l'ascendant de qui que ce soit,

et que je m'efforcerai sans cesse de gouverner dans l'intérêt des masses et non dans l'intérêt d'un parti. J'honore les hommes qui, par leur capacité et leur expérience, peuvent me donner de bons conseils. Je reçois journellement les avis les plus opposés, mais j'obéis aux seules impulsions de ma raison et de mon cœur.

» C'était à toi moins qu'à tout autre de blâmer en moi une politique modérée, toi qui désapprouvais mon manifeste, parce qu'il n'avait pas l'entière sanction des chefs du parti modéré. Or, ce manifeste, dont je ne me suis pas écarté, demeure l'expression consciencieuse de mes opinions. Le premier devoir était de rassurer le pays. Eh bien ! depuis quatre mois il continue à se rassurer de plus en plus. A chaque jour sa tâche ; la sécurité d'abord, ensuite les améliorations.

» Les élections prochaines avanceront, je n'en doute pas, l'époque des réformes possibles, en affermissant la République par l'ordre et la modération. Rappeler tous les anciens partis, les réunir, les réconcilier, tel doit être le but de nos efforts. C'est la mission attachée au grand nom que nous portons ; elle échouerait, s'il servait à diviser et non à rallier les soutiens du Gouvernement.

» Par tous ces motifs, je ne saurais approuver ta candidature dans une vingtaine de départements : car, songes-y bien, à l'abri de ton nom on veut faire arriver à l'Assemblée des candidats hostiles au Pouvoir, et décourager ses partisans dévoués, en fatiguant le peuple par des élections multiples qu'il faudra recommencer.

» Désormais donc, je l'espère, tu mettras tous tes soins, mon cher cousin, à éclairer sur mes intentions véritables les personnes en relation avec toi, et tu te garderas d'accréditer par des paroles inconsidérées les calomnies absurdes, qui vont jusqu'à prétendre que de sordides intérêts dominent ma politique. Rien, répète-le très-haut, rien ne troublera la sérénité de mon jugement et n'ébranlera mes résolutions. Libre de toute contrainte morale, je marcherai dans le sentier de l'honneur, avec ma conscience pour guide : et lorsque je quitterai le Pouvoir, si l'on peut me reprocher des fautes fatalement inévitables, j'aurai fait du moins ce que je crois sincèrement mon devoir.

» Reçois, mon cher cousin, l'assurance de mon amitié.

» LOUIS-NAPOLÉON BONAPARTE: »

4 mai. — Célébration du premier anniversaire de la proclamation de la Constitution.

M. le Président de la République assiste à un banquet donné par la ville de Paris à l'occasion de cette solennité : tous les grands fonctionnaires de l'Etat y sont invités.

M. le Préfet de la Seine porte un toast à la République et au Président de la République.

M. le Président de la République répond :

« Je suis heureux d'entendre à l'hôtel de ville

M. le Préfet de la Seine associer mon nom à la prospérité de la République.

» Je remercie les membres du corps municipal de m'avoir appelé au milieu d'eux pour fêter en commun un grand anniversaire. C'est qu'ils sont convaincus, comme le peuple qui m'a élu, de mon dévouement aux grands principes de notre révolution, principes que l'ordre, la loyauté et la fermeté du Gouvernement peuvent seuls consolider. Que la ville de Paris reçoive donc ici mes remercîments, et l'hommage de mon sincère attachement.

» *A la ville de Paris !* »

7 et 8 mai. — Dans la séance de nuit du 7 au 8 mai, l'Assemblée constituante prend la résolution suivante :

« L'Assemblée nationale invite le Gouvernement à
» prendre les mesures nécessaires pour que l'expé-
» dition d'Italie ne soit pas plus longtemps détour-
» née du but qui lui était assigné. »

A l'occasion de ce vote, le Président de la République adresse au général Oudinot, commandant en chef de l'armée expéditionnaire d'Italie, la lettre suivante :

« Mon cher Général,

» La nouvelle télégraphique, qui annonce la résistance imprévue que vous avez rencontrée sous les murs de Rome, m'a vivement peiné. J'espérais, vous le savez, que les habitants de Rome, ouvrant les yeux à l'évidence, recevraient avec empressement une armée, qui venait accomplir chez eux une mission bienveillante et désintéressée.

» Il en a été autrement ; nos soldats ont été reçus en ennemis : notre honneur militaire est engagé ; je ne souffrirai pas qu'il reçoive aucune atteinte. Les renforts ne vous manqueront pas. Dites à vos soldats que j'apprécie leur bravoure, que je partage leurs peines, et qu'ils pourront toujours compter sur mon appui et sur ma reconnaissance.

» Recevez, mon cher général, l'assurance de ma haute estime.

» Louis-Napoléon Bonaparte. »

7 *juin.* — Message du Président de la République à l'Assemblée législative.

MESSAGE DU PRÉSIDENT DE LA RÉPUBLIQUE.

Messieurs les Représentants,

La Constitution prescrit au Président de la République de vous présenter, chaque année, l'exposé de l'état général des affaires du pays.

Je me conforme à cette obligation qui me permet, en vous soumettant la vérité dans toute sa simplicité, les faits dans ce qu'ils ont d'instructif, de vous parler aussi de ma conduite passée et de mes intentions pour l'avenir.

Mon élection à la première magistrature de la République avait fait naître des espérances, qui n'ont point encore pu toutes se réaliser.

Jusqu'au jour où vous vous êtes réunis dans cette enceinte, le pouvoir exécutif ne jouissait pas de la plénitude de ses prérogatives constitutionnelles. Dans une telle position, il lui était difficile d'avoir une marche bien assurée.

Néanmoins, je suis resté fidèle à mon manifeste.

A quoi, en effet, me suis-je engagé, en acceptant les suffrages de la nation ?

A défendre la société audacieusement attaquée ;

A affermir une République sage, grande, honnête ;

A protéger la famille, la religion, la propriété ;

A provoquer toutes les améliorations et toutes les économies possibles ;

A protéger la presse contre l'arbitraire et la licence ;

A diminuer les abus de la centralisation ;

A effacer les traces de nos discordes civiles ;

Enfin, à adopter à l'extérieur une politique sans arrogance comme sans faiblesse.

Le temps et les circonstances ne m'ont point encore permis d'accomplir tous ces engagements, cependant de grands pas ont été faits dans cette voie.

Le premier devoir du Gouvernement était de consacrer tous ses efforts au rétablissement de la confiance, qui ne pouvait être complète que sous un pouvoir définitif. Le défaut de sécurité dans le présent, de foi dans l'avenir, détruit le crédit, arrête le travail, diminue les revenus publics et privés, rend les emprunts impossibles et tarit les sources de la richesse.

Avant d'avoir ramené la confiance, on aurait beau recourir à tous les systèmes de crédit, comme aux expédients les plus révolutionnaires, on ne ferait pas renaître l'abondance là où la crainte et la défiance du lendemain ont produit la stérilité.

Notre politique étrangère elle-même ne pouvait être à la hauteur de notre puissance passée qu'autant que nous aurions reconstitué à l'intérieur ce qui fait la force des nations : l'union des citoyens, la prospérité des finances.

Pour atteindre ce but, le Gouvernement n'a eu qu'à suivre une marche ferme et résolue, en montrant à tous que, sans sortir de la légalité, il emploierait les moyens les plus énergiques pour rassurer la société.

Partout aussi il s'efforça de rétablir le prestige de l'autorité, en mettant tous ses soins à appeler aux fonctions publiques les hommes qu'il jugeait les plus honnêtes et les plus capables, sans s'arrêter à leurs antécédents politiques.

C'est encore afin de ne pas inquiéter les esprits, que le Gouvernement a dû ajourner le projet de rendre la liberté aux victimes de nos discordes civiles. Au seul mot d'amnistie, l'opinion publique s'est émue en sens divers ; on a craint le retour de nouveaux troubles ; néanmoins, j'ai usé d'indulgence partout où elle n'a pas eu d'inconvénient.

Les prisons se sont déjà ouvertes à 1,570 transportés de juin, et bientôt les autres seront mis en liberté sans que la société ait rien à en redouter.

uant à ceux qui, en vertu des décisions des conseils de guerre, subissent leur peine aux bagnes, quelques-uns d'entre eux, pouvant être assimilés aux condamnés politiques, seront placés dans des maisons de détention.

La marche suivie avait en assez peu de temps rétabli la confiance ; les affaires avaient repris un grand essor ; les caisses d'épargne se remplissaient. Depuis la fin de janvier le produit des contributions indirectes et des douanes n'avait pas cessé de s'accroître et s'était rapproché, en avril, des temps les plus prospères. Le Trésor avait retrouvé le crédit dont il a besoin, et la ville de Paris avait pu contracter un emprunt dont le taux avoisine le pair, négociation qui rappelait l'époque où la confiance était le mieux affermie. Les demandes en autorisation de sociétés anonymes se multipliaient, le nombre des brevets d'invention augmentait de jour en jour ; le prix des offices, le taux de toutes les valeurs, qui avaient subi une dépréciation si grande, se relevait graduellement ; enfin, dans toutes les villes manufacturières, le travail avait recommencé, et les étrangers affluaient de nouveau à Paris ; ce mouvement heureux, arrêté un moment par l'agitation électorale, reprendra son cours à l'aide de l'appui que vous prêterez au Gouvernement.

FINANCES.

Quoique les affaires commerciales et industrielles aient repris en grande partie , l'état de nos finances est loin d'être satisfaisant.

Le poids d'engagements hasardeux, contractés par le dernier Gouvernement, a nécessité, durant le cours de l'année 1848, une liquidation, qui a ajouté à la dette publique 56,501,800 fr. de rentes nouvelles.

D'un autre côté, les dépenses extraordinaires que la révolution de février a entraînées ont produit un surcroît de charges qui, toute compensation faite, s'est élevé pour l'année 1848 à 265,498,428 fr., et, malgré les ressources additionnelles dues au produit de l'impôt des 45 centimes et aux emprunts négociés, l'exercice laissera un déficit de 72,160,000 fr.

L'année 1849 devait, d'après les combinaisons du budget qui s'y rapportait, laisser un découvert de 25 millions ; mais les faits n'ont pas répondu aux calculs, et des changements considérables se sont accomplis sous l'empire des circonstances. Des impôts nouveaux, dont le produit est évalué à plus de 90 millions, n'ont pas été votés ; d'autre part, non-seulement l'impôt du sel a été réduit des deux tiers, mais les revenus de la taxe des lettres sont descendus fort au-dessous du chiffre qu'on espérait trouver, et le déficit prévu s'élèvera à environ 180 millions.

Un autre fait inattendu est venu aggraver la situation. L'impôt sur les boissons, dont le produit dépasse 100 millions, demandait à être adouci et simplifié par une forme nouvelle qui le mît en harmonie avec l'esprit de nos institutions ; un amendement rattaché au budget de 1849 l'a aboli à partir du 1er janvier 1850, et en a prescrit le remplacement.

Il est devenu indispensable maintenant de rétablir l'équilibre entre les dépenses et les recettes ; on n'y peut parvenir qu'en réduisant les dépenses et en ouvrant de nouvelles sources de revenu.

Cet état de nos finances mérite d'être pris en sérieuse considération. Ce qui doit nous consoler néanmoins et nous encourager, c'est de constater les éléments de force et de richesse que renferme notre pays.

GARDE NATIONALE.

La garde nationale, qui s'est montrée presque partout animée du sentiment de ses devoirs, compte aujourd'hui près de quatre millions d'hommes dont 1,200,000 sont armés de fusils ou de mousquetons.

Elle possède 500 canons.

L'organisation de 300 bataillons de gardes nationaux mobilisables est préparée conformément au décret du 22 juillet dernier.

Quant à la garde mobile, engagée pour une seule année en 1848, sa réorganisation, au mois de janvier dernier, fit descendre l'effectif de 12,000 à 6,000 hommes, ce qui a produit une économie de 7 millions.

ARMÉE.

L'armée, toujours fidèle à l'honneur et à son devoir, a continué, par son attitude ferme et inébranlable, à contenir les mauvaises passions à l'intérieur et à donner à l'extérieur une juste idée de notre force.

Nous avons maintenant sous les armes un total de 451,000 hommes et de 93,754 chevaux.

Nous possédons 16,495 bouches à feu de toute espèce, dont 13,770 en bronze; les bouches à feu de campagne sont au nombre de 5,139.

C'est aussi à notre armée que l'Algérie doit le repos dont elle jouit. Une certaine agitation s'était manifestée chez les Arabes et les Kabyles; mais des opérations bien combinées et bien exécutées y ont promptement rétabli l'ordre et la sécurité : notre influence s'en est accrue.

Les travaux du port d'Alger et ceux qui ont pour but de créer ou d'améliorer nos voies de communication se poursuivent avec l'activité permise par les allocations budgétaires.

La colonisation privée témoigne, par l'état des récoltes de cette année même, qu'elle est en voie de progrès.

L'installation et le développement des colonies agricoles se continuent avec zèle et persévérance.

MARINE.

Notre flotte, qui protége nos colonies et fait respecter notre pavillon sur toutes les mers, se compose :

De la flotte active à voiles, comprenant 10 vaisseaux de ligne, 8 frégates, 18 corvettes, 24 bricks, 12 transports et 24 bâtiments légers.

De la flotte active à vapeur, qui est de 14 frégates, 13 corvettes et 34 avisos.

En dehors de la flotte active se trouvent les bâtiments en disponibilité de rade et en commission de port. C'est une réserve prête à agir dans le plus bref délai. Cette réserve se compose de 10 vaisseaux, 15 frégates à voiles, 10 frégates à vapeur, 6 corvettes et 6 avisos également à vapeur.

L'armement de ces bâtiments réclame le concours de 958 officiers de vaisseau de tout grade, les aspirants non compris, et un effectif de marins dont le chiffre ne s'élève pas à moins de 28,500 hommes.

Aucun trouble sérieux ne s'est manifesté au sein de la société coloniale, qui, désormais, repose sur la solide base de l'égalité civile et politique. Au bienfait de la liberté pour les noirs est venu s'ajouter la compensation d'une indemnité pour les colons. Une équitable répartition sera, il faut l'espérer, un élément de paix, de travail et de prospérité.

En restant, autant qu'il sera possible, dans les prévisions du budget voté de 1849, le Gouvernement espère continuer à maintenir intact l'établissement naval et colonial, jusqu'à ce qu'il puisse en proposer l'amélioration et le développement à l'Assemblée législative.

2.

AGRICULTURE, INDUSTRIE ET COMMERCE.

L'agriculture, cette source de toutes les richesses, a reçu tous les encouragements qu'il était possible de lui donner en si peu de temps.

Depuis le 20 décembre dernier, vingt et une fermes-écoles ont été créées et forment, avec les vingt-cinq déjà existantes, le premier degré de l'enseignement agricole. D'autres seront établies.

Les instituts de la Saulsaie et de Grand-Jouan ont pris rang d'écoles régionales, et fonctionnent aujourd'hui comme établissements de l'État, d'après les prescriptions de la loi du 3 octobre.

L'administration s'est fait mettre en possession des fermes renfermées dans le petit parc de Versailles, destiné à l'institut national agronomique.

Cent vingt-deux sociétés d'agriculture et plus de trois cents comices ont pris part à la répartition des fonds votés pour l'encouragement de l'agriculture.

Par un arrêté du 25 avril 1849, une commission d'hommes spéciaux et dévoués s'est mise à l'étude de la question des colonies agricoles. Le désir du Gouvernement était de trouver le moyen le plus efficace de venir au secours des classes laborieuses en ramenant les ouvriers des villes aux travaux de la campagne, et, d'après l'exemple des autres pays dont les documents ont été réunis, d'utiliser, au profit des pauvres, la mise en valeur des terres incultes.

L'organisation des haras nationaux a été profondément modifiée par l'arrêté du 11 décembre 1848.

L'industrie chevaline est en progrès ; elle a partout repris sa marche, et toutes les institutions qui en découlent et qui s'étaient crues menacées sont revenues à leur niveau,

Le bon emploi du crédit de 500,000 fr. alloué pour la remonte des établissements n'a pas été étranger à ce résultat. Jamais la remonte n'a été ni aussi considérable ni aussi brillante que cette année.

La situation des subsistances est satisfaisante ; la récolte de 1848, bien que moins abondante que celle qui l'a précédée, offre cependant des ressources supérieures aux besoins du pays.

Les renseignements parvenus sur l'état des récoltes en terre sont très-favorables : c'est une consolation, au milieu de toutes nos épreuves, de voir l'abondance des produits promettre à nos populations le bon marché des denrées alimentaires.

L'exposition des produits de l'industrie, qui exerce une influence heureuse sur le maniement des affaires, s'est ouverte le 4 juin : le nombre des exposants inscrits s'était élevé à 3,949 ; il dépasse, cette année, le chiffre de 4,000.

L'exécution de la loi sur les associations ouvrières se poursuit et touche à son terme. Sur 600 demandes parvenues au département du commerce, il ne reste aujourd'hui à statuer que sur 80. Des 3 millions votés, il a été alloué 2,292,000 fr. à 47 associations.

Les chambres consultatives et les chambres de commerce vont être constituées sur des bases nouvelles.

Le commerce extérieur de la France s'était élevé, en 1847, à la somme totale de 2 milliards 614 millions, 1,343 millions à l'importation, et 1,271 à l'exportation.

Rudement éprouvée par les événements politiques, l'année 1848 a vu, comme on pouvait s'y attendre, décroître considérablement le commerce français. On n'en saurait indiquer exactement la valeur, l'administration des douanes n'étant pas encore en mesure d'en déterminer le chiffre ; mais on ne peut douter que ce chiffre se trouvera réduit dans une proportion très-notable. La mise en consommation des matières nécessaires à l'industrie, en effet, a beaucoup perdu : celle des fontes est tombée de 95,941 tonnes à 45,553 ; la houille, de 2,173,000 tonnes à 1,796,000 ; la laine, de 138,000 quintaux à 80,962 ; la soie, de 15,000 à 7,688, etc.

Un élément, au reste, permettra de juger assez exactement des variations qu'a subies notre commerce extérieur en 1848 : c'est la recette des douanes.

En 1847, elle avait donné en moyenne mensuelle environ 11 millions.

Durant les mois de janvier et février 1848, elle produit une moyenne de 8,700,000 francs. A partir de mars, et pour chacun des trois mois suivants, elle va s'affaiblissant, et ne donne plus, en moyenne, qu'environ 5 millions ; durant les mois de juillet, août et septembre, la moyenne se relève un peu au-dessus de 8 millions; enfin, pour les mois d'octobre, novembre et décembre, elle atteint le chiffre de 9 millions, c'est-à-dire près du double de ce qu'avaient produit les mois les plus agités de l'exercice.

Il était facile de voir que, dans le cours du dernier trimestre, et à mesure que le pays approchait du moment où le pouvoir allait se trouver régulièrement et définitivement constitué, la marche des affaires commerciales s'améliorait en même temps que se raffermissait la confiance publique.

Cette influence s'est fait principalement sentir sur nos exportations. Presque tous les articles avaient, durant le 1ᵉʳ semestre, éprouvé de fortes pertes. A l'aide de l'élévation et de l'extension des primes (décret du 10 juin 1848), elles reprennent une activité qui se fait particulièrement remarquer vers la fin de l'année. A cette époque, la diminution disparaît pour la majeure partie des articles; pour certains même, comme les *vins*, les *eaux-de-vie*, les *soieries* et les *toiles*, il y a, comparativement à 1847, quelque accroissement.

Mais c'est en examinant les résultats des premiers mois de 1849 qu'on aperçoit plus évidemment encore ce mouvement améliorateur.

Si, en janvier et février, on trouve des différences en moins assez sensibles, comparativement aux mois correspondants de 1848, l'avantage en mars et avril passe, pour la plupart des marchandises importées et exportées, du côté de 1849. Ainsi, pour citer quelques-uns de ces articles qui alimentent plus spécialement le travail industriel, le coton, au 30 avril, donne 21 millions de kil. au lieu de 13 ; la houille, 567,000 tonnes au lieu de 447,000 ; la laine, 45,765 quintaux au lieu de 21,480 ; le sucre brut, 26 millions de kil. au lieu de 16 ; l'indigo, 394,000 kil. au lieu de 289,800 ; le bois d'acajou, 700,000 kil. au lieu de 505,000, et, enfin, la recette des douanes au 30 avril 1849 s'élève à 39 millions de francs, au lieu de 26,787,000 qu'elle avait donnés à pareille époque de 1848 ; et ce qui prouve que l'amélioration s'est continuée en mai, malgré les agitations qui ont affecté ce mois, c'est qu'il a donné 5 millions et demi de plus que celui de 1847, et que Paris a vu, comparativement aussi à mai 1848, s'élever de 6 millions le chiffre de ses exportations.

Le décret qui avait temporairement élevé le taux des primes de sortie ayant cessé d'être en vigueur à partir du 1er janvier 1849, on eût pu croire que nos exportations allaient, à dater de ce moment, se ralentir, et que cette mesure législative aurait, sous ce rapport, escompté en 1848 les bénéfices de 1849, il n'en a rien été : nos tissus de toute sorte montraient, au 31 mai dernier, un accroissement très-marqué, et il en était de même de nos sucres raffinés, de nos peaux ouvrées, de nos verreries, etc.

En résumé, la situation du commerce français, vivement compromise pendant une grande partie de l'année 1848, s'est un peu améliorée vers la fin de cet exercice, et a pris une marche positivement ascendante depuis le commencement de 1849. C'est un résultat qui, en assurant au présent des avantages certains, semble être aussi une garantie de sécurité pour l'avenir.

La question de la réforme pénitentiaire, la question du travail dans les prisons, se rattachent aux intérêts de l'industrie. Chacun des systèmes a été particulièrement étudié; le rétablissement de la discipline est l'objet d'efforts persévérants, et une idée préoccupe surtout l'administration, celle de la part qu'il conviendrait peut-être d'accorder à l'agriculture dans la réorganisation des travaux des condamnés.

Le nombre des prisons départementales est de 400
Celui des maisons centrales, de 21
Établissements ou quartiers d'éducation correctionnelle pour les jeunes détenus. . . 12
Colonies agricoles fondées par le Gouvernement. 5
Colonies agricoles administrées par des particuliers. 7

TOTAL. 445

Au 1er janvier 1848, la population s'élevait dans les prisons départementales à 26,653
Dans les maisons centrales, à 17,789
Dans les établissements et colonies de jeunes détenus, à. 3,600

TOTAL. 48,042

Actuellement on compte en France plus de 1,300

établissements publics pour les malades, les vieillards, les enfants, etc., dont les revenus annuels dépassent la somme de 53,000,000 de francs.

Il faut y ajouter près de 8,000 bureaux de bienfaisance pour la distribution des secours à domicile, qui possèdent environ 13,500,000 francs de revenus ordinaires.

Enfin, d'autres services charitables, relatifs aux monts-de-piété, aux enfants trouvés, aux aliénés indigents, aux sourds-muets et aux aveugles, emploient au soulagement des infortunes des sommes qui s'élèvent à près de 50,000,000 de francs. C'est donc environ 116 millions par an qui sont consacrés à l'assistance publique, sans compter les charités privées, dont il est impossible de calculer l'importance, même approximativement.

Mais ces secours, tout immenses qu'ils paraissent, sont encore trop faibles si on les compare à la masse des besoins. Le Gouvernement le sait, et il a la ferme volonté de pourvoir à cette insuffisance.

Les mesures qui peuvent intéresser la santé publique ont été prises sur tous les points de la France. Des comités d'hygiène et de salubrité ont été institués; leur organisation promet, dans un avenir prochain, d'heureux résultats, et dès aujourd'hui assurent d'utiles secours aux populations envahies par le choléra.

Les crédits votés par l'Assemblée nationale ont permis de venir en aide aux communes atteintes et dont les ressources étaient insuffisantes pour procurer aux familles pauvres les secours dont elles avaient besoin en présence de l'épidémie.

TRAVAUX PUBLICS.

Malgré l'avantage qu'il y aurait eu à augmenter les travaux publics, afin d'employer tous les bras oisifs, l'état de nos finances engagea l'Assemblée constituante à décréter des réductions considérables, qui ont porté sur l'achèvement des routes, l'entretien et les dotations spéciales affectées aux réparations des principales rivières et des ports maritimes.

Nos 4,800 kilomètres de canaux ont eu à supporter des réductions analogues.

Les deux nouveaux canaux même, commencés suivant un décret de l'Assemblée, le premier entre Nogent et Marcilly, le second dérivé de la Sauldre pour l'assainissement de la Sologne, ont été interrompus faute de crédits, quoique le but eût été d'offrir aux ouvriers un salaire assuré.

Cependant, deux des lignes les plus importantes n'ont pas été abandonnées et touchent presque à leur fin : ce sont le canal de la Marne au Rhin et le canal latéral à la Garonne.

Quant aux chemins de fer exécutés par l'État, on avait déjà dépensé, au 31 décembre 1847, pour les lignes construites, près de 800 millions.

D'après les évaluations des ingénieurs, il restait encore à dépenser, pour les terminer, une somme de 330 millions. La crise financière a forcé de réduire successivement cette somme jusqu'à 46 millions.

Le réseau du Nord a été accru, au mois de mars, d'une section comprise entre Creil et Noyon.

Le chemin qui borde la rive gauche de la Loire a été prolongé jusqu'à Saumur.

Dans les chemins du Centre, on s'est avancé jusqu'à Nérondes.

Sur la grande ligne entre Paris et Marseille, la section de Marseille à Avignon est ouverte. L'État administre provisoirement cette ligne, dont la compagnie concessionnaire a été légalement dépossédée.

D'Avignon à Lyon, aucun travail n'a été entrepris. Entre Lyon et Paris, l'État a repris la concession qu'il avait faite le 20 décembre 1845.

De Paris à Tonnerre et de Dijon à Châlons-sur-Saône, la voie de fer va être ouverte dans quelques semaines. Pour combler les lacunes de Tonnerre à Dijon et de Châlons à Lyon, il faut encore près de deux ans de travaux non interrompus.

Les contrées de l'Ouest n'ont obtenu qu'un seul tracé, celui qui joindra la capitale avec la ville de Rennes. La tête de cette ligne était l'un des deux chemins de Versailles; la loi du 20 avril dernier rattache au chemin de la rive gauche les travaux complétement terminés entre Versailles et Chartres. Le transport des voyageurs commencera au 10 juillet, et dans huit mois le point extrême pourra être porté à la Loupe, et ouvrir ainsi un accès à la population du département de l'Orne.

L'exploitation des mines et celle des usines métallurgiques ont, malgré la crise commerciale de 1848,
fait quelques progrès.

45 concessions nouvelles de mines ont été données, c'est-à-dire autant que les trois années précé-
dentes réunies. Depuis le 1er janvier 1849 jusqu'au
19 mai, 10 autres concessions ont été accordées.

Les permissions d'usines ont suivi le même progrès. En 1847 il en avait été accordé 36; pour 1848
on en compte 55; enfin 19 depuis le 1er janvier.

La carte géologique proprement dite est achevée
et publiée.

Le crédit proposé au budget de l'exercice 1849
pour l'organisation d'un service hydraulique, qui aurait eu pour but le desséchement des terres insalubres,
n'ayant pas été admis, l'Administration a dû nécessairement se borner à organiser un service spécial
dans un certain nombre de départements où les conseils généraux avaient donné leur approbation à
cette mesure.

L'industrie des bâtiments civils, qui occupe un
grand nombre d'ouvriers et d'artistes, a souffert de
notre état de crise.

L'Assemblée nationale s'est bornée à voter les
crédits nécessaires à l'achèvement des constructions
déjà entreprises depuis plusieurs années : aussi les
travaux ont-ils été repris à la Sainte-Chapelle, à
l'École des mines, à la bibliothèque Sainte-Geneviève,
à l'École polytechnique, à l'École vétérinaire de
Lyon, etc., etc.

Le Gouvernement a pensé qu'il serait digne de la République d'achever le palais du Louvre, où seraient réunies toutes nos richesses littéraires et artistiques; il en a fait la demande à l'Assemblée nationale. Cette demande a été l'objet des études d'une commission qui n'a pas achevé son travail. Cette question importante sera de nouveau soumise à l'Assemblée.

INSTRUCTION PUBLIQUE.

Dès le début de son administration, le ministre de l'instruction publique a institué deux commissions pour préparer deux projets de lois sur l'enseignement primaire et sur l'enseignement secondaire, ayant pour but principal l'application immédiate et sincère du principe de liberté inscrit dans la Constitution. Le résultat de leurs laborieuses délibérations sera sans retard présenté à l'Assemblée.

Un projet de loi sur l'établissement de cours d'administration pratique dans chaque faculté de département a été présenté à l'Assemblée nationale. Elle n'a rien décidé. La question sera de nouveau posée devant l'Assemblée législative.

Deux arrêtés du pouvoir exécutif, en date du 30 mai et du 16 août, avaient placé dans les attributions du ministère de l'instruction publique les établissements d'enseignement en Algérie, et Alger était devenu le siége d'une académie. Une commission, présidée par l'un de nos généraux les plus expérimentés, a été chargée d'étudier le moyen de répandre la connaissance de la langue arabe parmi les Européens, celle de la langue française parmi les indigènes.

L'administration des cultes n'a rencontré que des encouragements et des approbations dans le rapport de la commission du budget.

Des négociations ont été entamées avec la cour de Rome pour l'érection de trois siéges épiscopaux dans nos possessions coloniales. Cette mesure sera le complément de l'émancipation des noirs et achèvera d'assimiler les colonies à la métropole.

La rénovation des facultés de théologie catholique, conformément au vœu de l'Assemblée nationale, a également excité les préoccupations du Gouvernement. Une commission a élaboré un projet sur cette délicate question, qui touche aux intérêts les plus élevés de la religion, et, à ce titre, ne peut être utilement résolue sans la participation du pouvoir spirituel.

Des allocations considérables, en permettant d'élever le traitement des instituteurs et d'apporter une première amélioration à la position des desservants, témoignaient chez l'Assemblée de la ferme volonté de répondre aux besoins religieux et intellectuels des populations. Cette pensée de haute politique, d'équité et de religion, sera comprise et continuée sans doute par l'Assemblée législative.

Il y a aujourd'hui en France 68 établissements d'instruction supérieure et 6,269 étudiants.

En dehors de l'École normale, qui reçoit 115 élèves, on compte 1,220 établissements d'instruction secondaire et 106,065 élèves. Il existe 56 lycées, 309 colléges communaux et 955 établissements particuliers.

Les écoles primaires reçoivent 2,176,079 garçons et 1,354,056 filles, ce qui donne un total de 3,530,135 élèves.

Ces détails sommaires vous prouveront, Messieurs, que l'administration s'est acquittée avec zèle de ses devoirs. La révolution lui a imprimé une impulsion nouvelle, et, dans les diverses branches qui la composent, elle ne s'est pas bornée au simple accomplissement de ses fonctions, mais elle a cherché les moyens de répondre à l'attente publique, en préparant tous les projets d'amélioration qui seront soumis à l'Assemblée législative.

AFFAIRES ÉTRANGÈRES.

Il est dans la destinée de la France d'ébranler le monde lorsqu'elle se remue, de le calmer lorsqu'elle se modère. Aussi l'Europe nous rend-elle responsables de son repos ou de son agitation. Cette responsabilité nous impose de grands devoirs : elle domine notre situation.

Après février, le contre-coup de notre révolution se fit sentir depuis la Baltique jusqu'à la Méditerranée, et les hommes qui me précédèrent à la tête des affaires ne voulurent pas lancer la France dans une guerre dont on ne pouvait prévoir le terme : ils eurent raison.

L'état de civilisation en Europe ne permet de livrer son pays aux hasards d'une collision générale qu'autant qu'on a pour soi, d'une manière évidente, le droit et la nécessité. Un intérêt secondaire, une raison plus ou moins spécieuse d'influence politique, ne suffisent pas; il faut qu'une nation comme la nôtre, si elle s'engage dans une lutte colossale, puisse justifier, à la face du monde, ou la grandeur de ses succès, ou la grandeur de ses revers.

Lorsque je parvins au pouvoir, de graves questions s'agitaient sur divers points de l'Europe. Au delà du Rhin comme au delà des Alpes, depuis le Danemark jusqu'en Sicile, il y avait pour nous un intérêt à sauvegarder, une influence à exercer. Mais cet intérêt et cette influence méritaient-ils, pour être énergiquement soutenus, qu'on courût les chances d'une conflagration européenne? voilà la question : ainsi posée, elle est facile à résoudre.

Sous ce point de vue, dans toutes les affaires extérieures qui ont été le sujet des négociations que nous allons passer en revue, la France a fait ce qu'il était possible de faire pour l'intérêt de ses alliés, sans cependant recourir aux armes, cette dernière raison des gouvernements.

La Sicile, il y a près d'un an, s'était insurgée contre le roi de Naples. L'Angleterre et la France intervinrent avec leur flotte pour arrêter des hostilités qui prenaient le caractère du plus cruel acharnement, et, il faut le dire, quoique l'Angleterre eût plus d'intérêt dans cette question que la France elle-même, les deux amiraux s'unirent d'un commun accord pour obtenir du roi Ferdinand en faveur des Siciliens une amnistie complète et une constitution qui garantissait leur indépendance législative et administrative. Ils refusèrent. Les amiraux quittèrent la Sicile, forcés d'abandonner le rôle de médiateurs, et bientôt la guerre recommença. Un peu plus tard, ce même peuple, qui avait repoussé des conditions favorables, était obligé de se rendre à discrétion.

Au nord de l'Italie, une guerre sérieuse avait éclaté, et un moment, lorsque l'armée piémontaise poussa ses succès jusqu'au Mincio, l'on avait pu croire que la Lombardie recouvrerait son indépendance. La désunion fit promptement évanouir cet espoir, et le roi de Piémont fut obligé de se retirer dans ses États.

A l'époque de mon élection, la médiation de la France et de l'Angleterre avait été acceptée par les parties belligérantes. Il ne s'agissait plus que d'obtenir pour le Piémont les conditions les moins désavantageuses. Notre rôle était indiqué, commandé même. S'y refuser, c'était allumer une guerre européenne. Quoique l'Autriche n'eût envoyé aucun négociateur à Bruxelles, lieu indiqué de la conférence, le Gouvernement français conseilla au Piémont de résister au mouvement qui l'entraînait à la guerre et de ne pas recommencer une lutte trop inégale.

Ce conseil ne fut pas suivi, vous le savez. Et

après une nouvelle défaite, le roi de Sardaigne con-
clut directement avec l'Autriche un nouvel armistice.

Quoique la France ne fût pas responsable de cette
conduite, elle ne pouvait pas permettre que le Piémont fût écrasé, et du haut de la tribune, le Gouvernement déclara qu'il maintiendrait l'intégrité du
territoire d'un pays qui couvre une partie de nos
frontières. D'un côté, il s'est efforcé de modérer les
exigences de l'Autriche, demandant une indemnité
de guerre qui parut exorbitante; de l'autre, il a
engagé le Piémont à faire de justes sacrifices pour
obtenir une paix honorable. Nous avons tout lieu de
croire que nous réussirons dans cette œuvre de conciliation.

Tandis qu'au nord de l'Italie se passaient ces événements, de nouvelles commotions venaient au centre de la Péninsule compliquer la question.

En Toscane, le grand-duc avait quitté ses États.
A Rome s'était accomplie une révolution qui avait
vivement ému le monde catholique et libéral : en
effet, depuis deux ans on était habitué à voir sur
le saint-siége un pontife, qui prenait l'initiative des
réformes utiles, et dont le nom, répété dans des
hymnes de reconnaissance, d'un bout de l'Italie à
l'autre, était le symbole de la liberté et le gage de
toutes les espérances, lorsque tout à coup l'on apprit
avec étonnement que ce souverain, naguère l'idole
de son peuple, avait été contraint de s'enfuir furti-
vement de sa capitale.

Aussi, les actes d'agression, qui obligèrent Pie IX

à quitter Rome, parurent-ils aux yeux de l'Europe être l'œuvre d'une conjuration, bien plus que le mouvement spontané d'un peuple qui ne pouvait être passé en un instant de l'enthousiasme le plus vif à l'ingratitude la plus affligeante.

Les puissances catholiques envoyèrent des ambassadeurs à Gaëte pour s'occuper des graves intérêts de la papauté. La France devait y être représentée; elle écouta tout sans engager son action, mais, après la défaite de Novare, les affaires prirent une tournure plus décidée : l'Autriche, de concert avec Naples, répondant à l'appel du Saint-Père, notifia au Gouvernement français qu'il eût à prendre un parti, car ces puissances étaient décidées à marcher sur Rome pour y rétablir purement et simplement l'autorité du pape.

Mis en demeure de nous expliquer, nous n'avions que trois moyens à adopter :

Ou nous opposer par les armes à toute espèce d'intervention, et, en ce cas, nous rompions avec toute l'Europe catholique pour le seul intérêt de la république romaine, que nous n'avions pas reconnue;

Ou laisser les trois puissances coalisées rétablir à leur gré et sans ménagement l'autorité papale;

Ou bien, enfin, exercer de notre propre mouvement une action directe et indépendante.

Le Gouvernement de la République adopta ce dernier moyen.

Il nous semblait facile de faire comprendre aux

Romains que, pressés de toutes parts, ils n'avaient de chances de salut qu'en nous; que si notre présence avait pour résultat le retour de Pie IX, ce souverain, fidèle à lui-même, ramènerait avec lui la réconciliation et la liberté; qu'une fois à Rome, nous garantissions l'intégrité du territoire, en ôtant tout prétexte à l'Autriche d'entrer en Romagne. Nous pouvions même espérer que notre drapeau, arboré sans contestation au centre de l'Italie, aurait étendu son influence protectrice sur la Péninsule tout entière, dont aucune des douleurs ne peut nous trouver indifférents.

L'expédition de Civita-Vecchia fut donc résolue de concert avec l'Assemblée nationale, qui vota les crédits nécessaires. Elle avait toutes les chances de succès : les renseignements reçus s'accordaient à dire qu'à Rome, excepté un petit nombre d'hommes qui s'étaient emparés du pouvoir, la majorité de la population attendait notre arrivée avec impatience; la simple raison devait faire croire qu'il en était ainsi, car, entre notre intervention et celle des autres puissances, le choix ne pouvait pas être douteux.

Un concours de circonstances malheureuses en décida autrement : notre corps expéditionnaire, peu nombreux, car une résistance sérieuse n'était pas prévue, débarque à Civita-Vecchia, et le Gouvernement est instruit que, s'il eût pu arriver à Rome le même jour, on lui en aurait ouvert les portes avec joie. Mais, pendant que le général Oudinot notifiait son arrivée au gouvernement de Rome, Garibaldi y entrait à la tête d'une troupe formée des réfugiés de toutes les parties de l'Italie, et même du reste de l'Europe, et sa présence, on le conçoit, accrut subitement la force du parti de la résistance.

Le 30 avril, six mille de nos soldats se présentèrent sous les murs de Rome. Ils furent reçus à coups de fusil; quelques-uns même, attirés dans un piége, furent faits prisonniers. Nous devons tous gémir du sang répandu dans cette triste journée. Cette lutte inattendue, sans rien changer au but final de notre entreprise, a paralysé nos intentions bienfaisantes et rendu vains les efforts de nos négociateurs.

Au nord de l'Allemagne, l'insurrection avait compromis l'indépendance d'un État, l'un des plus anciens et des plus fidèles alliés de la France. Le Danemark avait vu les populations des duchés de Holstein et Schleswig se révolter contre lui, tout en reconnaissant cependant la souveraineté du prince qui règne en ce moment. Le gouvernement central de l'Allemagne crut devoir décréter l'incorporation du Schleswig à la confédération, parce qu'une grande partie du peuple était de race allemande.

Cette mesure est devenue la cause d'une guerre acharnée.

L'Angleterre a offert sa médiation, qui a été acceptée. La France, la Russie, la Suède, se sont montrées disposées à appuyer le Danemark.

Des négociations ouvertes depuis plusieurs mois ont amené à cette conclusion, que le Schleswig formerait, sous la souveraineté du roi de Danemark, un

État particulier. Mais, ce principe admis, on n'a pu
s'entendre sur les conséquences qu'il fallait en tirer,
et les hostilités ont recommencé. Les efforts des puissances que je viens de nommer tendent en ce moment à la conclusion d'un nouvel armistice, prélimi-
naire d'un arrangement définitif.

Le reste de l'Allemagne est agité par de graves
perturbations. Les efforts faits par l'Assemblée de
Francfort en faveur de l'unité allemande ont provo-
qué la résistance de plusieurs des États fédérés, et
amené un conflit qui, se rapprochant de nos frontières, doit attirer notre surveillance. L'empire d'Autriche, engagé dans une lutte acharnée avec la Hon-
grie, s'est cru autorisé à appeler le secours de la
Russie. L'intervention de cette puissance, la marche
de ses armées vers l'Occident, ne pouvaient qu'exciter à un haut degré la sollicitude du Gouvernement, qui a déjà échangé à ce sujet des notes diplomatiques.

Ainsi, partout en Europe, il y a des causes de
collision que nous avons cherché à apaiser, tout en
conservant notre indépendance d'action et notre caractère propre.

Dans toutes ces questions, nous avons toujours
été d'accord avec l'Angleterre, qui nous a offert un
concours auquel nous devons être sensibles.

La Russie a reconnu la République.

Le Gouvernement a conclu avec l'Espagne et la
Belgique des traités de poste qui facilitent les communications internationales.

En Amérique, l'état de Montevideo s'est singuliè-
rement modifié : d'après les renseignements de l'a-
miral qui commande dans ces parages nos forces navales, la population française a émigré d'une des
rives du Rio de la Plata à l'autre. Ce déplacement de
la population française doit nécessairement à l'avenir être pris en considération.

Enfin, messieurs les Représentants, si toutes nos
négociations n'ont pas obtenu le succès que nous de-
vions en attendre, soyez persuadés que le seul mobile qui anime le Gouvernement de la République,
c'est le sentiment de l'honneur et de l'intérêt de la
France.

RÉSUMÉ.

Tel est, Messieurs, l'exposé sommaire de l'état
actuel des affaires de la République. Vous voyez que
nos préoccupations sont graves, nos difficultés grandes, et qu'il nous reste aujourd'hui, au dedans
comme au dehors, bien des questions importantes à
résoudre. Fort de votre appui et de celui de la nation,
j'espère, néanmoins, m'élever à la hauteur de ma
tâche, en suivant une marche nette et précise.

Cette marche consiste, d'un côté, à prendre hardiment l'initiative de toutes les améliorations, de
toutes les réformes qui peuvent contribuer au bien-
être de tous, et, de l'autre, à réprimer, par la sévé-
rité des lois devenues nécessaires, les tentatives de
désordre et d'anarchie qui prolongent le malaise
général. Je ne bercerai pas le peuple d'illusions et

d'utopies qui n'exaltent les imaginations que pour aboutir à la déception et à la misère. Partout où j'apercevrai une idée féconde en résultats pratiques, je la ferai étudier, et, si elle est applicable, je vous proposerai de l'appliquer.

La principale mission du Gouvernement républicain, surtout, c'est d'éclairer le peuple par la manifestation de la vérité, de dissiper l'éclat trompeur que l'intérêt personnel des partis fait briller à ses yeux. Un fait malheureux se retrouve à chaque page de l'histoire : c'est que plus les maux d'une société sont réels et patents, plus une minorité aveugle se lance dans le mysticisme des théories.

Au commencement du xviie siècle, ce n'était pas pour le triomphe des idées insensées de quelques fanatiques, prenant la Bible pour texte et pour excuse de leurs folies, que le peuple anglais lutta pendant quarante ans, mais pour la suprématie de sa religion et le triomphe de sa liberté.

De même, après 89, ce n'était pas pour les idées de Babœuf ou de tel autre sectaire que la société fut bouleversée, mais pour l'abolition des priviléges, pour la division de la propriété, pour l'égalité devant la loi, pour l'admission de tous aux emplois.

Eh bien ! encore aujourd'hui ce n'est pas pour l'application de théories inapplicables ou d'avantages imaginaires que la révolution s'est accomplie, mais pour avoir un gouvernement qui, résultat de la volonté de tous, soit plus intelligent des besoins du peuple et puisse conduire, sans préoccupations dynastiques, les destinées du pays.

Notre devoir est donc de faire la part entre les idées fausses et les idées vraies qui jaillissent d'une révolution; puis cette séparation faite, il faut se mettre à la tête des unes et combattre courageusement les autres. La vérité se trouvera en faisant appel à toutes les intelligences, en ne repoussant rien avant de l'avoir approfondi, en adoptant tout ce qui aura été soumis à l'examen des hommes compétents et aura subi l'épreuve de la discussion.

D'après ce que je viens d'exposer, deux sortes de lois seront présentées à votre approbation, les unes pour rassurer la société et réprimer les excès, les autres pour introduire partout des améliorations réelles; parmi celles-ci j'indiquerai les suivantes :

Loi sur les institutions de secours et de prévoyance, afin d'assurer aux classes laborieuses un refuge contre les conséquences de la suspension des travaux, des infirmités et de la vieillesse;

Loi sur la réforme du régime hypothécaire : il faut qu'une institution nouvelle vienne féconder l'agriculture, en lui apportant d'utiles ressources, en facilitant ses emprunts; elle préludera à la formation d'établissements de crédit à l'instar de ceux qui existent dans les divers États de l'Europe;

Loi sur l'abolition de la prestation en nature;

Loi sur la subvention en faveur des associations ouvrières et des comices agricoles;

Loi sur la défense gratuite des indigents, qui n'es

pas suffisamment assurée dans notre législation. La justice, qui est une dette de l'État, et qui par conséquent est gratuite, se trouve environnée de formalités onéreuses qui en rendent l'accès difficile aux citoyens pauvres et ignorants. Leurs droits et leurs intérêts ne sont pas assez protégés; sous l'empire de notre Constitution démocratique, cette anomalie doit disparaître;

Enfin, une loi est préparée ayant pour but d'améliorer la pension de retraite des sous-officiers et soldats, et d'introduire dans la loi sur le recrutement de l'armée les modifications dont l'expérience a démontré l'utilité.

Indépendamment de ces projets, vous aurez à vous occuper des lois organiques que la dernière Assemblée n'a pas eu le temps d'élaborer et qui sont le complément nécessaire de la Constitution.

Ce qui précède suffit, Messieurs, je l'espère, pour vous prouver que mes intentions sont conformes aux vôtres. Vous voulez, comme moi, travailler au bien-être de ce peuple qui nous a élus, à la gloire, à la prospérité de la Patrie; comme moi, vous pensez que les meilleurs moyens d'y parvenir ne sont pas la violence et la ruse, mais la fermeté et la justice. La France se confie au patriotisme des membres de l'Assemblée; elle espère que la vérité, dévoilée au grand jour de la tribune, confondra le mensonge et désarmera l'erreur. De son côté, le Pouvoir exécutif fera son devoir.

J'appelle sous le drapeau de la République et sur

le terrain de la Constitution tous les hommes dévoués au salut du pays ; je compte sur leur concours et sur leurs lumières pour m'éclairer, sur ma conscience pour me conduire, sur la protection de Dieu pour accomplir ma mission.

Recevez, Messieurs, l'assurance de ma haute estime.

LOUIS-NAPOLÉON BONAPARTE.

Élysée-National, le 6 juin 1849.

11 *juin.* — Décret du Président de la République qui réunit dans les mains du général Changarnier le commandement des gardes nationales de la Seine au commandement des troupes de la 1re division militaire.

13 *juin.* — Une minorité factieuse, au sein même de l'Assemblée législative, fait un appel à l'insurrection, à la guerre civile.

En présence de cette manifestation, le Gouvernement prend les mesures les plus énergiques. Le général en chef Changarnier fait les dispositions les plus propres à réprimer promptement toute tentative de désordre. En effet, grâce à ses combinaisons stratégiques savamment calculées et rapidement exécutées, les factieux, dès qu'ils paraissent, sont aussitôt repoussés, dispersés, mis en fuite, et, en un instant, tout Paris se trouve enveloppé dans un réseau complet de défense. Les barricades qui s'élèvent sur quelques points sont aussitôt détruites que formées.

On sait quelle fut la conduite du Président durant cette triste journée. Informé des projets des conspirateurs, il adressa à la population parisienne cette proclamation :

LE PRÉSIDENT DE LA RÉPUBLIQUE

Au peuple français.

Quelques factieux osent encore lever l'étendard de la révolte contre un Gouvernement légitime, puisqu'il est le produit du suffrage universel. Ils m'accusent d'avoir violé la Constitution, moi qui ai supporté depuis six mois, sans en être ému, leurs injures, leurs calomnies, leurs provocations. La majorité de l'Assemblée est le but de leurs outrages. L'accusation dont je suis l'objet n'est qu'un prétexte : et la preuve, c'est que ceux qui m'attaquent me poursuivaient déjà avec la même haine, la même injustice, alors que le peuple de Paris me nommait Représentant et le peuple de la France Président de la République.

Ce système d'agitation entretient dans le pays le malaise et la défiance, qui engendrent la misère ; il faut qu'il cesse. Il est temps que les bons se rassurent et que les méchants tremblent. La République n'a pas d'ennemis plus implacables que ces hommes qui, perpétuant le désordre, nous forcent de changer la France en un vaste camp, nos projets d'amélioration et de progrès en des préparatifs de lutte et de défense.

Elu par la nation, la cause que je défends est la vôtre, c'est celle de vos familles comme celle de vos propriétés, celle du pauvre comme du riche, celle de la civilisation tout entière. Je ne reculerai devant rien pour la faire triompher.

Louis-Napoléon Bonaparte.

3 *juillet*. — Entrée des Français à Rome.

Le président de la République adresse à ce sujet la lettre suivante à M. le général Oudinot :

Le Président de la République au général en chef de l'armée de la Méditerranée.

« Mon cher Général,

» Je suis heureux de pouvoir vous féliciter du résultat que vous avez obtenu en entrant à Rome, malgré la vive résistance de ceux qui s'y défendaient. Vous avez maintenu le prestige qui s'attachait à notre drapeau. Je vous prie de faire connaître aux généraux qui sont sous vos ordres, et aux troupes en général, combien j'ai admiré leur persévérance et leur courage. Les récompenses que vous porte votre aide de camp sont bien méritées, et je regrette de ne pouvoir les remettre moi-même. J'espère que l'état sanitaire de votre armée se maintiendra aussi bon qu'il est aujourd'hui, et que bientôt vous pourrez revenir en France avec honneur pour nos armes et avec bénéfice pour notre influence en Italie. Recevez, mon cher Général, l'assurance de mes sentiments d'estime et d'amitié.

» LOUIS-NAPOLÉON BONAPARTE. »

6 *juillet*. — Inauguration du chemin de fer de Paris à Chartres.

Louis-Napoléon répond au toast qui lui est porté par le maire de la ville de Chartres, par ce discours :

« Je remercie M. le maire des paroles qu'il vient de prononcer, et je porte un toast à la ville de Chartres, où je reçois un accueil si bienveillant et si empressé.

» Je suis heureux de visiter cette ville, qui rappelle deux grandes époques, deux grands souvenirs de notre histoire.

» C'est à Chartres que saint Bernard vint prêcher la deuxième croisade, magnifique idée du moyen âge, qui arracha la France aux luttes intestines et éleva le culte de la foi au-dessus du culte des intérêts matériels.

» C'est aussi à Chartres que fut sacré Henri IV ; c'est ici qu'il marqua le terme de dix années de guerres civiles en venant demander à la religion de bénir le retour à la paix et à la concorde.

» Eh bien ! aujourd'hui c'est encore à la foi et à la conciliation qu'il faut faire appel : à la foi, qui nous soutient et nous permet de supporter toutes les difficultés du jour ; à la conciliation, qui augmente nos forces et nous fait espérer un meilleur avenir.

» Ainsi donc : A la foi ! à la conciliation ! à la ville de Chartres ! »

16 *juillet.* — Voyage à Amiens. Le Président de la République va distribuer des drapeaux aux gardes nationaux du département de la Somme.

M. Porion, maire d'Amiens, a porté au Président de la République le toast suivant :

« A monsieur le Président de la République française, à l'élu de six millions de suffrages qui a pris pour devise : Dieu, la famille et la propriété ! »

M. le Président s'est levé aussitôt et a prononcé le discours suivant :

« Messieurs,

» L'accueil flatteur et enthousiaste que je reçois aujourd'hui me touche profondément. J'ai fait si peu encore pour mon pays, que je suis à la fois fier et confus de cette ovation. Aussi je l'attribue bien plus à mon nom qu'à moi-même. Ce nom, la France le savait en me donnant ses suffrages, représentait non-seulement la conquête et la guerre, mais encore l'ordre et la paix. La ville d'Amiens, surtout, en était convaincue, elle qui, au milieu d'une conflagration européenne, avait vu dans ses murs, et dans la salle même où nous sommes, se signer ce fameux traité qui devait, en 1802, concilier les intérêts des deux nations les plus civilisées du monde.

» La seule idée de paix de l'Empire passera à la postérité sous le nom de la ville d'Amiens.

» C'est donc à ce souvenir que je reporte une réception vraiment triomphale.

» Vous voulez la paix, mais une paix glorieuse, fertile en bienfaits au dedans, en influences au dehors.

» A la paix! à la ville d'Amiens! »

22 juillet. — Visite de M. le Président de la République à la forteresse de Ham.

M. le maire porte un toast au Président de la République, qui y répond en ces termes :

« Monsieur le Maire,

Je suis profondément ému de la réception affectueuse que je reçois de vos concitoyens. Mais, croyez-le, si je suis venu à Ham, ce n'est pas par orgueil, c'est par reconnaissance. J'avais à cœur de remercier les habitants de cette ville et des environs de toutes les marques de sympathie qu'ils n'ont cessé de me donner pendant mes malheurs.

» Aujourd'hui, qu'élu par la France entière, je suis devenu le chef légitime de cette grande nation, je ne saurais me glorifier d'une captivité qui avait pour cause l'attaque contre un gouvernement régulier. Quand on a vu combien les révolutions les plus justes entraînent de maux après elles, on comprend à peine l'audace d'avoir voulu assumer sur soi la terrible responsabilité d'un changement. Je ne me plains donc pas d'avoir expié ici, par un emprisonnement de six années, ma témérité contre les lois de ma patrie, et c'est avec bonheur que, dans les lieux mêmes où j'ai souffert, je vous propose un toast en l'honneur des hommes qui sont déterminés, malgré leurs convictions, à respecter les institutions de leur pays. »

29 *juillet*. — Inauguration du chemin de fer de Tours à Angers.

Le Président de la République y prononce le discours suivant :

« Messieurs,

» En parcourant votre ville au milieu des acclamations de la population, je me demandais ce que j'avais fait pour mériter un accueil si flatteur, si enthousiaste.

» Ce n'est pas seulement parce que je suis le neveu de l'homme qui fit cesser toutes nos dissensions civiles, que vous me recevez avec tant de bienveillance; je ne puis faire pour vous ce que l'Empereur a fait; je n'ai ni son génie, ni sa puissance; mais ce qui explique vos acclamations, c'est que je représente ce système de modération et de conciliation qui a été inauguré par la République. Ce système, qui consiste à ancrer en France, non cette liberté sauvage qui permet à chacun de faire ce qu'il veut, mais la liberté des peuples civilisés, qui permet à chacun de faire ce qui ne peut pas nuire à la communauté.

» Sous tous les régimes, il y aura, je le sais, des

oppresseurs et des opprimés ; mais tant que je serai Président de la République, il n'y aura pas de parti opprimé.

» Aucune ville mieux qu'Angers ne comprend, je crois, cette sage politique, et n'est plus dévouée à cette saine et sainte politique que nous voulons tous faire triompher.

» *A la ville d'Angers !* »

30 *juillet*. — Départ du Président d'Angers pour se rendre à Nantes par la Loire.

Une députation envoyée par la ville de Nantes, en tête de laquelle étaient le préfet, le maire et six représentants de la Loire-Inférieure, était venue la veille au-devant du Président de la République, à Angers, sur un bateau à vapeur richement pavoisé.

Arrivée à deux heures dans la ville de Nantes. — Discours prononcé par le Président :

« Le voyage que j'ai fait pour venir ici auprès de vous restera profondément gravé dans mon cœur, car il a été fertile en souvenirs et en espoir. Ce n'est pas sans émotion que j'ai vu ce grand fleuve derrière lequel se sont réfugiés les derniers glorieux bataillons de notre grande armée ; ce n'est pas sans émotion que je me suis arrêté avec respect devant le tombeau de Bonchamp ; ce n'est pas sans émotion qu'aujourd'hui, assis au milieu de vous, je me trouve en face de la statue de Cambronne. Tous ces souvenirs, si noblement appréciés par vous, me prouvent que, si le sort le voulait, nous serions encore la grande nation par les armes. Mais il y a une gloire toute aussi grande aujourd'hui : c'est de nous opposer à toute guerre civile et à toute guerre étrangère, et de grandir par le développement progressif de notre industrie et de notre commerce. Voyez cette forêt de mâts qui languit ici dans votre port, elle n'attend qu'une aide pour porter au bout du monde les produits de notre civilisation. Soyons unis, oublions toute cause de dissension, soyons dévoués à l'ordre et aux grands intérêts de notre pays, et bientôt nous serons encore la grande nation par les arts, par l'industrie, par le commerce. La ville de Nantes, qui me reçoit si bien aujourd'hui, est vivement intéressée dans cette question, car elle est destinée par sa position à atteindre le plus haut degré de prospérité commerciale. Je porte donc un toast à l'avenir de la ville de Nantes et à sa prospérité. »

31 *juillet.* — Départ de Nantes pour Saumur.

Arrivée à Saumur à quatre heures du soir. — Le Président assiste au carrousel de l'école de cavalerie ; il distribue lui-même les récompenses aux vainqueurs. Le soir, au banquet qui lui est offert par la ville, il porte le toast suivant :

« De toutes les villes que j'ai traversées depuis que j'ai quitté Paris, Saumur n'est point la plus grande, mais elle n'est pas la moins importante ; car ce n'est pas seulement par son admirable position, par son commerce qu'elle se distingue, mais c'est encore par

son patriotisme. Ce sentiment est entretenu par la célèbre école qui y est établie ; car, dans cet établissement où se forment de si bons officiers, on n'apprend pas seulement à monter à cheval, mais on
acquiert ces habitudes de discipline, d'ordre et de
hiérarchie qui constituent le bon soldat et aussi le
bon citoyen. Ici l'esprit militaire est encore dans
toute sa force, et, Dieu en soit loué ! il n'est pas
près de s'éteindre. N'oublions pas que cet esprit
militaire est, dans les temps de crise, la sauvegarde de la patrie.

» Dans la première révolution, l'Empereur l'a dit,
tandis qu'à l'intérieur tous les partis se décimaient
et se déshonoraient réciproquement par leurs excès,
l'honneur national s'était réfugié dans nos armées.

» Faisons donc tous nos efforts pour garder intact, pour développer encore, cet esprit militaire ;
car, croyez-le, si les produits des arts et des sciences
méritent toute notre admiration, il y a quelque chose
qui la mérite encore davantage, c'est la religion du
devoir, c'est la fidélité au drapeau.

» *A la ville de Saumur et à son école militaire !* »

1er *août*. — Arrivée à Tours. — Revue de la garde
nationale et des troupes. Visite à la colonie de Met-
tray. Banquet offert par la ville de Tours ; le Président prononce le discours suivant :

« Je dois remercier d'abord la ville de Tours de
l'aimable accueil qu'elle m'a fait ; mais je dois dire
aussi que les acclamations dont je suis l'objet me

touchent bien plus qu'elles ne m'enorgueillissent. J'ai trop bien connu le malheur pour ne pas être à l'abri des entraînements de la prospérité. Je ne suis pas venu au milieu de vous avec une arrière-pensée, mais pour me montrer tel que je suis, et non tel que la calomnie veut me faire. On a prétendu, on prétend encore aujourd'hui à Paris que le Gouvernement médite quelque entreprise semblable au 18 brumaire. Mais sommes-nous donc dans les mêmes circonstances ? Les armées étrangères ont-elles envahi notre territoire ? La France est-elle déchirée par la guerre civile ? Y a-t-il 80,000 familles en émigration ? Y a-t-il 100,000 familles mises hors la loi par la loi des suspects ? Enfin, la loi est-elle sans vigueur et l'autorité sans force ? Non, nous ne sommes pas dans des conditions qui nécessitent de si héroïques remèdes. A mes yeux, la France peut être comparée à un vaisseau qui, après avoir été ballotté par les tempêtes, a trouvé enfin une rade plus ou moins bonne, mais enfin où il a jeté l'ancre. Eh bien ! dans ce cas, il faut radouber le navire, refaire son lest, rétablir ses mâts et sa voilure, avant de se hasarder encore dans la pleine mer. Les lois que nous avons peuvent être plus ou moins défectueuses ; mais elle sont susceptibles de perfectionnement. Confiez-vous donc à l'avenir, sans songer ni aux coups d'État ni aux insurrections. Les coups d'État n'ont aucun prétexte, les insurrections n'ont aucune chance de succès ; à peine commencées, elles seraient immédiatement réprimées. Ayez confiance dans l'Assemblée nationale et dans vos premiers magistrats, qui sont les élus de la nation, et surtout comptez sur la protection de l'Être suprême, qui encore aujourd'hui protége la France.

» Je termine en portant un toast à la prospérité de la ville de Tours ! »

11 *août*. — Voyage à Rouen.

Revue de la garde nationale et des troupes. Le Président visite les principaux établissements industriels. Fête splendide offerte par la ville. Le Président répond ainsi au toast qui lui est porté par le maire de Rouen :

« Messieurs,

» Plus je visite les villes principales de la France, et plus forte est ma conviction que tous les éléments de la prospérité publique sont renfermés dans ce pays.

» Qui est-ce qui empêche donc aujourd'hui notre prospérité de se développer et de porter ses fruits ? Permettez-moi de vous le dire : c'est que le propre de notre époque est de nous laisser séduire par des chimères, au lieu de nous attacher à la réalité.

» Messieurs, je l'ai dit dans mon *Message* : « Plus les maux de la société sont patents, et plus certains esprits sont enclins à se jeter dans le mysticisme des théories.

» Mais, en réalité, de quoi s'agit-il? Il ne s'agit pas de dire : ¡Adorez ce que vous avez brûlé, et brûlez ce que vous avez adoré pendant tant de siècles ; il s'agit de donner à la société plus de calme et plus de stabilité ; et, comme l'a dit un homme que la France estime et que vous aimez tous ici, M. Thiers : « Le véritable génie de notre époque consiste dans le simple bon sens. »

» C'est surtout dans cette belle ville de Rouen que règne le bon sens, et c'est à lui que je dois l'unanimité des suffrages du 10 décembre ; car, Messieurs, vous m'avez bien jugé, en pensant que le neveu de l'homme, qui a tant fait pour asseoir la société sur ses bases naturelles, ne pouvait pas avoir la pensée de jeter cette société dans le vague des théories.

» Aussi, Messieurs, je suis heureux de pouvoir vous remercier des 180,000 votes que vous m'avez donnés. Je suis heureux de me trouver au milieu de cette belle ville de Rouen, qui renferme en elle les germes de tant de richesses !... Et j'ai admiré ces collines parées des trésors de l'agriculture ; j'ai ad-miré cette rivière qui porte au loin tous les pro-duits de votre industrie.

» Enfin, je n'ai pas été moins frappé à l'aspect de la statue du grand Corneille. Savez-vous ce qu'elle me prouve ? C'est que vous n'êtes pas seulement dé-voués aux grands intérêts du commerce, mais que vous avez aussi de l'admiration pour tout ce qu'il y a de noble dans les lettres, les arts et les sciences.

» Messieurs, je bois à la ville de Rouen, et suis profondément reconnaissant de l'accueil que j'ai reçu aujourd'hui de vous. »

18 *août.* — Le Président de la République adresse au lieutenant-colonel Edgard Ney, son officier d'ordonnance à Rome, la lettre suivante :

« Élysée-National, le 18 août 1849.

» Mon cher Ney,

» La République française n'a pas envoyé une armée à Rome pour y étouffer la liberté italienne, mais, au contraire, pour la régler, en la préservant contre ses propres excès, et pour lui donner une base solide, en remettant sur le trône pontifical le prince qui, le premier, s'était placé hardiment à la tête de toutes les réformes utiles.

» J'apprends avec peine que les intentions bienveillantes du Saint-Père, comme notre propre action, restent stériles, en présence de passions et d'influences hostiles. On voudrait donner comme base à la rentrée du pape la proscription et la tyrannie. Dites de ma part au général Rostolan qu'il ne doit pas permettre qu'à l'ombre du drapeau tricolore on commette aucun acte qui puisse dénaturer le caractère de notre intervention.

» Je résume ainsi le rétablissement du pouvoir temporel du pape : *Amnistie générale, sécularisation de l'administration, Code Napoléon et gouvernement libéral.*

» J'ai été personnellement blessé, en lisant la proclamation des trois cardinaux, de voir qu'il n'était pas même fait mention du nom de la France, ni des souffrances de nos braves soldats.

» Toute insulte faite à notre drapeau ou à notre uniforme me va droit au cœur, et je vous prie de bien faire savoir que si la France ne vend pas ses services, elle exige au moins qu'on lui sache gré de ses sacrifices et de son abnégation.

» Lorsque nos armées firent le tour de l'Europe, elles laissèrent partout, comme trace de leur passage, la destruction des abus de la féodalité et les germes de la liberté : il ne sera pas dit qu'en 1849, une armée française ait pu agir dans un autre sens et amener d'autres résultats.

» Dites au général de remercier, en mon nom, l'armée de sa noble conduite. J'ai appris avec peine que, physiquement même, elle n'était pas traitée comme elle devrait l'être; rien ne doit être négligé pour établir convenablement nos troupes.

» Recevez, mon cher Ney, l'assurance de ma sincère amitié.

» LOUIS-NAPOLÉON BONAPARTE. »

31 *août.* — Le Président de la République assiste au banquet donné par les exposants de l'industrie nationale dans le Jardin-d'Hiver. Au dessert, le président de la commission du banquet porte un toast au Président de la République, qui répond par le discours suivant :

« Messieurs,

» Le véritable congrès de la paix n'était pas dans la salle Sainte-Cécile. Il est ici, c'est vous qui le composez, vous, l'élite de l'industrie française. Ail-

leurs on ne formait que des vœux, ici sont représen-
tés tous les grands intérêts que la paix seule développe. Lorsqu'on a admiré comme moi tous ces prodiges de l'industrie étalés aux regards de la France
entière, lorsqu'on pense combien de bras ont concouru à la production de ces objets, et combien
d'existences dépendent de leur vente, on se console
d'être arrivé à une époque à laquelle est réservée
une autre gloire que celle des armes. En effet, aujourd'hui, c'est par le perfectionnement de l'industrie,
par les conquêtes du commerce, qu'il faut lutter avec
le monde entier; et dans cette lutte, vous m'en avez
donné la conviction, nous ne succomberons pas.
Mais aussi n'oubliez pas de répandre parmi les ouvriers les saines doctrines de l'économie politique;
en leur faisant une juste part dans la rétribution du
travail, prouvez-leur que l'intérêt du riche n'est pas
opposé à l'intérêt du pauvre.

» Je vous remercie de la manière flatteuse dont
vous appréciez mes efforts pour le bien public, et je
porte un toast :

» *A la prospérité de l'industrie française!*

» *A ses honorables représentants!* »

3 septembre. — Inauguration du chemin de fer de
Paris à Épernay, sur la ligne de Strasbourg.

Une fête magnifique est offerte au Président par
la ville d'Épernay. Le banquet, servi sous une immense tente, offrait un coup d'œil imposant. Au

toast qui lui est porté par le maire de la ville, le Président répond :

« Messieurs,

» L'inauguration d'un chemin de fer est toujours une fête nationale à laquelle je suis heureux de m'associer ; mais l'inauguration du chemin de fer de Paris à Strasbourg est à mes yeux un événement important à cause des lieux qu'il traverse.

» En effet, en voyant Château-Thierry, La Ferté, Épernay, on se retrace les dernières et héroïques luttes de l'Empire contre l'Europe coalisée ; et je me suis dit que si ce chemin de fer eût existé à cette époque, si l'empereur Napoléon eût connu la vapeur, jamais nous n'aurions vu les étrangers envahir la capitale de la France.

» Honneur donc aux chemins de fer ! puisque dans la paix ils développent la prospérité commerciale, et que pendant la guerre ils concourent à fortifier l'indépendance de la patrie. Honneur aussi à la ville d'Épernay, qui a conservé intacts les sentiments de patriotisme et de nationalité !

» *A Épernay !* »

9 *septembre.* — Inauguration du chemin de fer de Paris à Sens.

Le Président de la République s'arrête successivement à Brunoy, à Melun, à Fontainebleau, à Montereau, où il passe en revue la garde nationale et les troupes ; enfin il arrive à Sens, où lui est faite la réception la plus brillante.

Le Président prononce dans cette ville le discours suivant :

« Messieurs,

» Il y a un an, à pareille époque, j'étais exilé, proscrit ; si j'eusse voulu mettre le pied sur le territoire français, on m'en eût interdit l'entrée. Aujourd'hui je suis le chef reconnu de la grande nation.

» Qui a produit ce changement dans ma destinée ? C'est vous, c'est le département de l'Yonne tout entier, qui, en m'élisant représentant du peuple, m'a rappelé dans mon pays.

» Vous avez pensé, Messieurs, que mon nom serait utile à la France ; vous vous êtes dit qu'étranger à tous les partis, je n'étais hostile à aucun, et qu'en réunissant sous le même drapeau tous les hommes dévoués à notre patrie, je pourrais servir de point de ralliement dans un moment où les partis semblaient acharnés les uns contre les autres.

» Le département de l'Yonne a donné l'exemple, exemple qui a été suivi, qui a été contagieux, puisque plus tard la France m'a donné six millions de suffrages.

» Il y a longtemps que je désirais me trouver au milieu de vous. Je désirais voir de mes yeux ceux dont les suffrages sont venus les premiers me chercher sur la terre étrangère.

» Je ne vous remercie pas de m'avoir donné le pouvoir. Le pouvoir est un lourd fardeau. Ce dont je vous remercie, c'est de m'avoir ouvert les portes de ma patrie.

» Messieurs, j'aurais voulu pouvoir aller jusqu'à Tonnerre, où j'aurais été plus au centre du département, pour lui témoigner toute ma reconnaissance ; mais le temps m'a manqué. Je le regrette vivement.

» Permettez-moi donc, Messieurs, de porter un toast non-seulement à la ville de Sens, mais au département de l'Yonne tout entier.

» Croyez que je serai toujours digne de la confiance que vous m'avez témoignée d'une manière si touchante.

» *A la ville de Sens ! au département de l'Yonne tout entier !* »

13 *septembre.* — Distribution par le Président des récompenses décernées aux artistes, à la suite de l'exposition de 1849.

A cette occasion, il prononce le discours suivant :

« Messieurs,

» Je n'ai voulu céder à personne le plaisir et le droit de vous remettre les récompenses qui vous sont dues. La plus douce prérogative du Pouvoir, c'est d'encourager le mérite partout où il le rencontre.

» J'ai admiré les chefs-d'œuvre que vous avez offerts au public, cette année, dans l'exposition de peinture et de sculpture, et je suis heureux de constater les beaux résultats obtenus par les artistes français, malgré l'agitation politique, qui a dû les préoccuper et prendre leurs loisirs.

» J'espère que l'exposition de l'année prochaine sera plus belle encore que celle-ci. L'Empereur disait à ses soldats qu'ils n'avaient rien fait tant qu'il restait quelque chose à faire. Redoublez donc aussi d'efforts pour contribuer pour votre part à rehausser encore la gloire du nom français. Encourageons, honorons les beaux-arts, car ce sont eux qui adoucissent les mœurs, élèvent l'âme, consolent dans les mauvais jours, et embellissent les jours prospères.

» Soyez assurés, Messieurs, que je suivrai toujours vos progrès avec la plus vive sollicitude, et comptez sur l'intérêt que m'inspirent vos nobles travaux. »

31 *octobre*. — Le Président adresse à l'Assemblée législative le message suivant :

MESSAGE DU PRÉSIDENT DE LA RÉPUBLIQUE FRANÇAISE
A L'ASSEMBLÉE LÉGISLATIVE.

Monsieur le Président,

Dans les circonstances graves où nous nous trouvons, l'accord qui doit régner entre les différents pouvoirs de l'État ne peut se maintenir que si, animés d'une confiance mutuelle, ils s'expliquent franchement l'un vis-à-vis de l'autre. Afin de donner l'exemple de cette sincérité, je viens faire connaître à l'Assemblée quelles sont les raisons qui m'ont déterminé à changer le ministère, et à me séparer d'hommes, dont je me plais à proclamer les services éminents, et auxquels j'ai voué amitié et reconnaissance.

Pour raffermir la République menacée de tant de côtés par l'anarchie; pour assurer l'ordre plus efficacement qu'il ne l'a été jusqu'à ce jour; pour maintenir à l'extérieur le nom de la France à la hauteur de sa renommée, il faut des hommes qui, animés d'un dévouement patriotique, comprennent la nécessité d'une direction unique et ferme, et d'une politique nettement formulée; qui ne compromettent le pouvoir par aucune irrésolution, qui soient aussi préoccupés de ma propre responsabilité que de la leur, et de l'action que de la parole. (Rumeurs diverses.)

Depuis bientôt un an, j'ai donné assez de preuves d'abnégation pour qu'on ne se méprenne pas sur mes véritables intentions. Sans rancune contre aucune individualité, comme contre aucun parti, j'ai laissé arriver aux affaires les hommes d'opinions les plus diverses, mais sans obtenir les heureux résultats que j'attendais de ce rapprochement. Au lieu d'opérer une fusion de nuances, je n'ai obtenu qu'une neutralisation de forces. L'unité de vues et d'intentions a été entravée, l'esprit de conciliation pris pour de la faiblesse. A peine les dangers de la rue étaient-ils passés, qu'on a vu les anciens partis relever leurs drapeaux, réveiller leurs rivalités, et alarmer le pays en semant l'inquiétude.

Au milieu de cette confusion, la France, inquiète parce qu'elle ne voit pas de direction, cherche la main, la volonté de l'élu du 10 décembre. Or cette volonté ne peut être sentie que s'il y a communauté entière d'idées, de vues, de convictions entre le Président et ses ministres, et si l'Assemblée elle-même s'associe à la pensée nationale, dont l'élection du pouvoir exécutif a été l'expression. (Bruit à gauche).

Tout un système a triomphé au 10 décembre.

Car le nom de Napoléon est à lui seul tout un programme. Il veut dire : à l'intérieur, ordre, autorité, religion, bien-être du peuple; à l'extérieur, dignité nationale. C'est cette politique, inaugurée par mon élection, que je veux faire triompher avec l'appui de l'Assemblée et celui du peuple. Je veux être digne de la confiance de la nation en maintenant la Constitution que j'ai jurée. Je veux inspirer au pays, par ma loyauté, ma persévérance et ma fermeté, une confiance telle, que les affaires reprennent et qu'on ait foi dans l'avenir. La lettre d'une constitution a sans doute une grande influence sur les destinées d'un pays; mais la manière dont elle est exécutée en exerce peut-être une plus grande encore. Le plus ou moins de durée du Pouvoir contribue puissamment à la stabilité des choses, mais c'est aussi par les idées et les principes, que le Gouvernement sait faire prévaloir, que la société se rassure.

Relevons donc l'autorité sans inquiéter la vraie

liberté. Calmons les craintes en domptant hardiment les mauvaises passions et en donnant à tous les nobles instincts une direction utile. Affermissons le principe religieux sans rien abandonner des conquêtes de la révolution, et nous sauverons le pays malgré les partis, les ambitions et même les imperfections que nos institutions pourraient renfermer.

» Louis-Napoléon Bonaparte. »

3 *novembre*. — Cérémonie d'institution de la magistrature au Palais-de-Justice par le Président de la République. Le vice-président de la République, les ministres, les membres du corps diplomatique, le président, le bureau et la députation de l'Assemblée législative, le conseil d'État, les maréchaux, les amiraux, etc., etc., l'archevêque de Paris, et des députations des autres grands corps de l'État, assistent à cette cérémonie.

Le Président y prononce le discours suivant :

« Messieurs,

» Je suis heureux de me trouver aujourd'hui au milieu de vous et de présider une cérémonie solennelle qui, en reconstituant la magistrature, rétablit un principe qu'un égarement momentané a pu seul faire méconnaître. Aux époques agitées, dans les temps où les notions du juste et de l'injuste semblent confondues, il est utile de relever le prestige des grandes institutions et de prouver que certains principes renferment en eux une force indestructible. On aime à pouvoir dire : Les lois fondamentales du pays ont été renouvelées, tous les pouvoirs de l'État sont passés en d'autres mains, et cependant, au milieu de ces bouleversements et de ces naufrages, le principe de l'inamovibilité de la magistrature est resté debout. En effet, les sociétés ne se transforment pas au gré des ambitions humaines ; les formes changent ; la chose reste. Malgré les tempêtes politiques survenues depuis 1815, nous ne vivons encore que grâce aux larges institutions fondées par le Consulat et l'Empire ; les dynasties et les chartes ont passé, mais ce qui a survécu et ce qui nous sauve, c'est la religion, c'est l'organisation de la justice, de l'armée, de l'administration.

» Honorons donc ce qui est immuable, mais honorons aussi ce qu'il peut y avoir de bon dans les changements introduits. Aujourd'hui, par exemple, qu'accourus de tous les points de la France, vous venez devant le premier magistrat de la République prêter un serment, ce n'est pas à un homme que vous jurez fidélité, mais à la loi. Vous venez ici, en présence de Dieu et des grands pouvoirs de l'État, jurer de remplir religieusement un mandat, dont l'accomplissement austère a toujours distingué la magistrature française. Il est consolant de songer qu'en dehors des passions politiques et des agitations de la société, il existe un corps d'hommes n'ayant d'autre guide que leur conscience, d'autre passion que le bien, d'autre but que de faire régner la justice.

» Vous allez, Messieurs, retourner dans vos départements, reportez-y la conviction que nous sommes sortis de l'ère des révolutions, et que nous sommes entrés dans l'ère des améliorations qui préviennent les catastrophes. Appliquez avec fermeté, mais aussi avec l'impartialité la plus grande, les dispositions tutélaires de nos Codes. Qu'il n'y ait jamais de coupables impunis, ni d'innocents persécutés. Il est temps, comme je l'ai dit naguère, que ceux qui veulent le bien se rassurent, et que ceux-là se résignent qui tentent de mettre leurs opinions et leurs passions à la place de la volonté nationale.

» En appliquant la justice dans la plus noble et la plus large acception de ce grand mot, vous aurez, Messieurs, beaucoup fait pour la consolidation de la République, car vous aurez fortifié dans le pays le respect de la loi, ce premier devoir, cette première qualité d'un peuple libre. »

11 novembre. — Le Président de la République distribue, dans la salle des Pas-Perdus au Palais-de-Justice, les récompenses décernées à l'industrie nationale. Il prononce le discours suivant :

« Messieurs,

» En vous voyant recevoir le juste prix de ces travaux qui maintiennent la réputation industrielle de la France à la hauteur qui lui est due, je me disais : Elle n'a pas perdu le sentiment de l'honneur, cette nation, où une simple distinction devient pour tous les mérites une ample récompense; elle n'est

pas dégénérée, cette nation, qui, malgré ses bouleversements, alors qu'on croyait les ateliers déserts
et le travail paralysé, est venue faire luire à nos
yeux, comme une consolation et un espoir, les merveilles de ses produits.

» Le degré de civilisation d'un pays se révèle par
les progrès de l'industrie comme par ceux des sciences et des arts. L'exposition dernière doit nous rendre fiers; elle constate à la fois l'état de nos con-
naissances et l'état de notre société. Plus nous avan-
çons, plus, ainsi que l'annonçait l'Empereur, les
métiers deviennent des arts, et plus le luxe lui-
même devient un objet d'utilité, une condition première de notre existence. Mais ce luxe, qui, par l'at-
trait de séduisants produits, attire le superflu du
riche pour rémunérer le travail du pauvre, ne prospère que si l'agriculture, développée dans les mêmes proportions, augmente les richesses premières
du pays et multiplie les consommateurs.

» Aussi le soin principal d'une administration
éclairée, et préoccupée surtout des intérêts généraux, est de diminuer le plus possible les charges
qui pèsent sur la terre. Malgré les sophismes répandus tous les jours pour égarer le peuple, il est un
principe incontestable qui, en Suisse, en Amérique,
en Angleterre, a donné les résultats les plus avantageux : c'est d'affranchir la production et de n'imposer que la consommation. La richesse d'un pays
est comme un fleuve; si l'on prend les eaux à sa
source, on le tarit; si on les prend, au contraire,

lorsque le fleuve a grandi, on peut en détourner une large masse sans altérer son cours.

» Au Gouvernement appartient d'établir et de propager les bons principes d'économie politique, d'encourager, de protéger, d'honorer le travail national. Il doit être l'instigateur de tout ce qui tend à élever la condition de l'homme ; mais le plus grand bienfait qu'il puisse donner, celui d'où découlent tous les autres, c'est d'établir une bonne administration qui crée la confiance et assure un lendemain. Le plus grand danger peut-être des temps modernes vient de cette fausse opinion, inculquée dans les esprits, qu'un gouvernement peut tout, et qu'il est de l'essence d'un système quelconque de répondre à toutes les exigences, de remédier à tous les maux. Les améliorations ne s'improvisent pas, elles naissent de celles qui les précèdent : comme l'espèce humaine, elles ont une filiation qui nous permet de mesurer l'étendue du progrès possible et de le séparer des utopies. Ne faisons donc pas naître de vaines espérances, mais tâchons d'accomplir toutes celles qu'il est raisonnable d'accepter ; manifestons par nos actes une constante sollicitude pour les intérêts du peuple ; réalisons, au profit de ceux qui travaillent, ce vœu philanthropique d'une part meilleure dans les bénéfices et d'un avenir plus assuré.

» Lorsque, de retour dans vos départements, vous serez au milieu de vos ouvriers, affermissez-les dans les bons sentiments, dans les saines maximes, et, par la pratique de cette justice qui récompense chacun selon ses œuvres, apaisez leurs souffrances, rendez leur condition meilleure. Dites-leur que le Pouvoir est animé de deux passions également vives : l'amour du bien et la volonté de combattre l'erreur et le mensonge. Pendant que vous ferez ainsi votre devoir de citoyens, moi, n'en doutez pas, je ferai mon devoir de premier magistrat de la République. Impassible devant les calomnies comme devant les séductions, sans faiblesse comme sans jactance, je veillerai à vos intérêts, qui sont les miens, je maintiendrai mes droits, qui sont les vôtres. »

9 décembre. — M. le Président de la République assiste à un banquet qui lui est offert par le président de l'Assemblée législative, à l'occasion de l'anniversaire du 10 décembre.

M. Dupin porte un toast au Président de la République.

M. le Président lui répond :

« C'est d'un heureux augure pour la paix au dedans comme au dehors, de fêter le premier anniversaire du 10 décembre au milieu d'un grand nombre des membres de l'Assemblée et en présence du corps diplomatique. Entre l'Assemblée et moi, il y a communauté d'origine, communauté d'intérêts. Issus tous du suffrage populaire, nous aspirons tous au même but, le raffermissement de la société et la prospérité du pays. Permettez-moi donc de répéter le toast de votre Président :

» A l'union des pouvoirs publics !

» J'ajoute :

» A l'Assemblée !

» A son honorable Président ! »

10 *décembre*. — M. le Préfet de la Seine donne, à l'occasion de cet anniversaire, une fête dans les salons de l'Hôtel-de-Ville. M. le Président de la République y assiste. Il répond en ces termes au toast de M. Berger :

« Messieurs,

» Je remercie le corps municipal de m'avoir invité à l'Hôtel-de-Ville et d'avoir fait distribuer aujourd'hui même de nombreux secours aux indigents. Soulager l'infortune était à mes yeux la meilleure manière de célébrer le 10 décembre.

» Je ne viens pas récapituler ici ce que nous avons fait depuis un an. Mais la seule chose dont je m'enorgueillisse, c'est d'avoir, grâce aux hommes qui m'ont entouré et qui m'entourent encore, maintenu la légalité intacte et la tranquillité sans collision.

» L'année qui commence sera, je l'espère, plus fertile encore en heureux résultats, surtout si, comme l'a dit M. le Préfet de la Seine, tous les grands pouvoirs restent intimement unis. J'appelle grands pouvoirs ceux élus par le peuple : l'Assemblée et le Président. Oui, j'ai foi dans leur union féconde ; nous marcherons au lieu de rester immobiles : car ce qui donne une force irrésistible, même au mortel le plus humble, c'est d'avoir devant lui un grand but à atteindre et derrière une grande cause à défendre.

» Pour nous, cette cause, c'est celle de la civilisation tout entière.

» C'est la cause de cette sage et sainte liberté qui tous les jours se trouve de plus en plus menacée par les excès qui la profanent.

» C'est la cause des classes laborieuses, dont le bien-être est sans cesse compromis par ces théories insensées qui, soulevant les passions les plus brutales et les craintes les plus légitimes, feraient haïr jusqu'à la pensée même des améliorations.

» C'est la cause du Gouvernement représentatif, qui perd son prestige salutaire par l'acrimonie du langage et les lenteurs apportées à l'adoption des mesures les plus utiles.

» C'est la cause de la grandeur et de l'indépendance de la France, car, si les idées qui nous combattent pouvaient triompher, elles détruiraient nos finances, notre armée, notre crédit, notre prépondérance, tout en nous forçant à déclarer la guerre à l'Europe entière.

» Aussi, jamais cause n'a été plus juste, plus patriotique, plus sacrée que la nôtre.

» Quant au but, que nous avons à atteindre, il est tout aussi noble que la cause. Ce n'est pas la copie mesquine d'un passé quelconque qu'il s'agit de refaire, mais il s'agit de convier tous les hommes de cœur et d'intelligence à consolider quelque chose de plus grand qu'une charte, de plus durable qu'une dynastie : les principes éternels de religion et de morale en même temps que les règles nouvelles d'une saine politique.

» La ville de Paris, si intelligente, et qui ne veut se souvenir des agitations révolutionnaires que pour les conjurer, comprendra une marche qui, en suivant le sentier étroit tracé par la Constitution, permette d'envisager un vaste horizon d'espérance et de sécurité.

» On a dit souvent que, lorsqu'on parle honneur, il y avait écho en France. Espérons que, lorsqu'on y parle raison, on trouvera un retentissement égal dans les esprits comme dans les cœurs des hommes dévoués avant tout à leur pays.

» Je propose un toast à la ville de Paris et au corps municipal. »

ANNÉE 1850.

DISCOURS ET PROCLAMATIONS.

ANNÉE 1850.

7 avril. — Ouverture, au Luxembourg, de la session du conseil général de l'agriculture, du commerce et des manufactures. M. le ministre de l'agriculture et du commerce prend d'abord la parole, et, immédiatement après son discours, le Président prononce l'allocution suivante :

« Messieurs,

» Jamais le concours de toutes les intelligences n'a été plus nécessaire que dans les circonstances actuelles. Il y a quatre ans, époque de votre dernière réunion, vous jouissiez d'une sécurité complète, qui vous donnait le temps d'étudier à loisir les améliorations destinées à faciliter le jeu régulier des institutions. Aujourd'hui, la tâche est plus difficile : un bouleversement imprévu a fait trembler le sol sous vos pas ; tout a été remis en question. Il faut, d'un côté, raffermir les choses ébranlées ; de l'autre, adopter avec résolution les mesures propres à venir en aide aux intérêts en souffrance. Le meilleur moyen de réduire à l'impuissance ce qui est dange—

reux et faux, c'est d'accepter ce qui est vraiment bon et utile.

» La position embarrassée de l'agriculture appelle avant tout les conseils de votre expérience. Déjà le Gouvernement lui a porté les premiers secours par le dégrèvement de 27 millions sur la propriété foncière, annoncé à l'Assemblée législative, et par la présentation du projet de loi sur la réforme hypothécaire. De plus, pour faciliter les emprunts, il a renoncé à une partie du droit d'enregistrement des créances hypothécaires, et bientôt il vous consultera sur un projet de crédit foncier qui offrira, je l'espère, des avantages réels à la propriété, et n'exposera pas le pays aux dangers du papier-monnaie.

» On attend avec impatience votre avis au sujet du dégrèvement successif de l'impôt du sucre. Sans nuire à l'industrie importante du sucre indigène ni à la production coloniale, nous voudrions, dans l'intérêt des consommateurs, diminuer le prix d'une denrée devenue de première nécessité.

» Bien des industries languissent; elles ne se relèveront, comme l'agriculture et le commerce, que lorsque le crédit public lui-même sera rétabli. Le crédit, ne l'oublions pas, c'est le côté moral des intérêts matériels : c'est l'esprit qui anime le corps. Il décuple, par la confiance, la valeur de tous les produits, tandis que la défiance les réduit à néant. La France, par exemple, ne possède pas aujourd'hui trop de blé, mais le manque de foi dans l'avenir paralyse les transactions, maintient le bas prix des denrées premières, et cause à l'agriculture une perte immense hors de toute proportion avec certains remèdes indiqués.

» Ainsi, au lieu de se lancer dans de vaines abstractions, les hommes sensés doivent unir leurs efforts aux nôtres afin de relever le crédit, en donnant au Gouvernement la force indispensable au maintien de l'ordre et du respect de la loi.

» Tout en prenant les mesures générales qui doivent concourir à la prospérité du pays, le Gouvernement s'est occupé du sort des classes laborieuses. Les caisses d'épargne, les caisses de retraite, les caisses de secours mutuels, la salubrité des logements d'ouvriers, tels sont les objets sur lesquels, en attendant la décision de l'Assemblée, le Gouvernement appellera votre attention.

» Une réunion comme la vôtre, composée d'hommes spéciaux aussi éclairés, aussi compétents, sera fertile, j'aime à le croire, en heureux résultats. Exempts de cet esprit de parti qui paralyse aujourd'hui les meilleures intentions et prolonge le malaise, vous n'avez qu'un mobile, l'intérêt du pays. Examinez donc, avec le soin consciencieux dont vous êtes capables, les questions les plus pratiques, celles d'une application immédiate. De mon côté, ce qui sera possible, je le ferai avec l'appui de l'Assemblée ; mais, je ne saurais trop le répéter, hâtons-nous, le temps presse : que la marche des mauvaises passions ne devance pas la nôtre. »

VOYAGE DE SAINT-QUENTIN.

9 juin. — Inauguration du chemin de fer de Creil à Saint-Quentin.

Arrivé à Saint-Quentin, le Président, aussitôt après la cérémonie achevée, passe en revue les gardes nationales et les troupes de ligne, rangées en bataille sur la promenade, reçoit les autorités, puis se rend à la salle Fervaques en voiture, ayant à ses côtés le préfet et le maire.

Fervaques est une ancienne abbaye où l'on avait fait une exposition de toutes les industries de Saint-Quentin; les plus honorables fabricants et industriels y avaient apporté les produits de leurs ateliers et de leurs fabriques. L'horticulture y était représentée par une galerie circulaire d'arbustes et de fleurs.

Le Président de la République a adressé aux exposants une courte allocution, dans laquelle il a annoncé qu'il augmentait le nombre des livrets pour les ouvriers et a parlé de sa sympathie pour les classes laborieuses en termes qui ont vivement impressionné l'auditoire.

Voici le texte de ce discours :

« Je suis heureux de me trouver parmi vous, et je recherche avec plaisir les occasions qui me mettent en contact avec ce grand et généreux peuple qui m'a élu; car, chaque jour me le prouve, mes amis les plus sincères, les plus dévoués ne sont pas dans les palais, ils sont sous le chaume; ils ne sont pas sous les lambris dorés, ils sont dans les ateliers, dans les campagnes.

» Je sens, comme disait l'Empereur, que ma fibre répond à la vôtre, que nous avons les mêmes intérêts et les mêmes instincts. Persévérez dans cette voie honnête et laborieuse qui conduit à l'aisance, et que ces livrets, que je me plais à vous offrir, comme une faible marque de ma sympathie, vous rappellent le trop court séjour que je fais parmi vous. »

Au banquet, où s'asseyait à la même table que le chef de l'État un vieillard à cheveux blancs et en blouse, honnête cultivateur qu'il avait décoré le matin, M. le maire de Saint-Quentin ayant porté la santé de Louis-Napoléon, le Président s'est levé et a répondu ainsi :

» Messieurs,

» Si j'étais toujours libre d'accomplir ma volonté, je viendrais parmi vous sans faste, sans cérémonie. Je voudrais, inconnu, me mêler à vos travaux comme à vos fêtes, pour mieux juger par moi-même de vos désirs et de vos sentiments. Mais il semble que le sort mette sans cesse une barrière entre vous et moi, et j'ai le regret de n'avoir jamais pu être simple citoyen de mon pays.

» J'ai passé, vous le savez, six ans à quelques lieues de cette ville; mais des murs et des fossés me

6

séparaient de vous. Aujourd'hui encore, les devoirs d'une position officielle m'en éloignent. Aussi est-ce à peine si vous me connaissez, et sans cesse on cherche à dénaturer à vos yeux mes actes comme mes sentiments. Par bonheur, le nom que je porte vous rassure, et vous savez à quels hauts enseignements j'ai puisé mes convictions.

» La mission que j'ai à remplir aujourd'hui n'est pas nouvelle; on sait son origine et son but. Lorsque, il y a quarante-huit ans, le premier consul vint en ces lieux inaugurer le canal de Saint-Quentin, comme aujourd'hui je viens inaugurer le chemin de fer, il vous disait :

« Tranquillisez-vous, les orages sont passés. Les
» grandes vérités de notre révolution, je les ferai
» triompher; mais je réprimerai avec une égale force
» les erreurs nouvelles et les préjugés anciens en
» ramenant la sécurité, en encourageant toutes les
» entreprises utiles. Je ferai naître de nouvelles
» industries pour enrichir nos champs et améliorer
» le sort du peuple. »

» Il n'y a qu'à regarder autour de vous pour voir s'il a tenu parole.

» Eh bien! encore aujourd'hui, ma tâche est la même, quoique plus facile. De la révolution, il faut prendre les bons instincts et combattre hardiment les mauvais.

» Il faut enrichir le peuple par toutes les institutions de prévoyance et d'assistance que la raison approuve, et le bien convaincre que l'ordre est la source première de toute prospérité.

» Mais l'ordre, pour moi, n'est pas un mot vide de sens, que tout le monde interprète à sa façon. Pour moi l'ordre, c'est le maintien de ce qui a été librement élu et consenti par le peuple, c'est la volonté nationale triomphant de toutes les factions.

» Courage donc, habitants de Saint-Quentin ! Continuez à faire honneur à notre nation par vos produits industriels. Croyez à mes efforts et à ceux du Gouvernement pour protéger vos entreprises et pour améliorer le sort des travailleurs. »

Le lendemain, revenant de Saint-Quentin à Paris, le Président s'arrête à La Fère et prend place, après la revue, au banquet préparé dans la salle de la mairie. Au discours et au toast de M. le maire, le Président de la République répond en ces termes :

« Messieurs,

» C'est avec bonheur qu'avant de quitter le département de l'Aisne, où j'ai passé avec vous de si heureux instants, je viens encore vous remercier de l'accueil empressé que j'y ai reçu. Je m'efforcerai de le reconnaître en travaillant à féconder les sources de sa richesse.

» Cette tâche me sera facile. Ce département, en effet, renferme tous les éléments de prospérité qu'un cœur français peut désirer. Ces éléments, j'en ai la conviction, ne cesseront de s'accroître.

6.

» J'ai visité hier une ville illustre par son industrie et par son commerce; aujourd'hui je visite une autre ville qui s'est toujours distinguée par son excellent esprit militaire.

» La religion cherche à propager la foi en honorant ses martyrs. Eh bien! nous aussi, nous propagerons les traditions de patriotisme et de gloire dans les villes comme celle-ci qui gardent comme un dépôt sacré l'esprit militaire.

» C'est pour cela que je porte un toast à la ville de La Fère, où sont toujours restés en honneur les souvenirs de ceux qui sont morts pour la patrie et qui servent d'exemple aux vivants. A la ville de La Fère, où se forment ce sentiment national et cet esprit militaire, toujours chers aux cœurs vraiment patriotiques.

» A la ville de La Fère! »

VOYAGE DE LYON.

Parti de Paris le 12 août, le Président arrive à Dijon le même jour. Le lendemain 13 : réception, revue; le Président visite les principaux édifices et se rend en pèlerinage à Fixin, où M. Noisot, ancien officier de l'Empire, a fait élever à la mémoire de l'Empereur un monument funéraire, surmonté d'une statue du grand homme.

Un incident est venu troubler un instant cette fête. Au moment où le Président, arrivé près du monument, le considérait dans un pieux recueillement, qu'il eût fallu respecter, M. Noisot, emporté sans doute par les souvenirs et les sentiments d'une vieille amitié, lui a adressé une allocution dans laquelle il lui demandait d'ouvrir à M. Guinard les portes de sa prison.

Le Président lui a répondu :

« Quand je suis venu, guidé par un sentiment pieux, visiter le monument érigé au martyr de Saint-Hélène, je voulais rendre hommage au dévouement respectueux qui en avait conçu le projet et surtout à la pensée qui l'avait placé au sein de cette Bourgogne qui a montré tant d'héroïsme, en 1814, pour la défense de l'Empereur, ou plutôt pour la défense des droits du peuple français, des droits de tous les peuples dont il fut jusqu'au bout le champion fidèle.

» Je ne m'attendais pas, je l'avoue, qu'en un tel lieu, qu'en un tel moment, il me serait adressé un reproche, et lequel ! un reproche au sujet d'un acte qu'on me demande, sans songer qu'il m'est interdit par la Constitution de l'accomplir. On ne le sait donc pas : les prisonniers qu'un arrêt de la haute cour a envoyés à Doullens n'en peuvent sortir que par une décision de l'Assemblée ; et moi, à leur égard comme à l'égard de tous, petits et grands, innocents ou coupables, je n'ai qu'un rôle à remplir : c'est d'assurer, dans l'intérêt de la société, l'exécution de la loi envers ceux qu'elle condamne, comme j'ai juré d'assurer sa protection à tous les membres de la nation. N'ai-je pas tenu fidèlement mon serment? La loi n'est-elle pas souveraine et respectée? Ne venez donc pas me demander pourquoi je n'ai pas fait ce que je ne pouvais faire sans la violer. Que l'Assemblée prononce, et je saurai faire exécuter et respecter sa décision. »

Le Président de la République est revenu ensuite à Dijon pour le banquet, auquel soixante-trois fonctionnaires civils et militaires avaient été invités en son nom.

Au toast porté en son honneur par M. le maire de Dijon, le Président a répondu en ces termes :

« Je remercie monsieur le maire de la ville dé Dijon des paroles qu'il m'a adressées et de l'accueil bienveillant que j'ai reçu. Les acclamations dont j'ai été l'objet me le prouvent. Le fleuve révolutionnaire tend à rentrer dans son lit, et la population de cette contrée, naguère si agitée, apprécie nos communs efforts pour rétablir l'ordre. Les gouvernements qui succèdent à des révolutions ont une tâche ingrate : celle de réprimer d'abord pour améliorer plus tard, de faire tomber des illusions et de remplacer, par le langage d'une raison froide, les accents désordonnés de la passion. Aussi bien des popularités se sont usées dans cette grande et difficile entreprise, et, lorsque je vois mon nom conserver encore de l'influence sur les masses, influence due au chef glo-

rieux de ma famille, je m'en félicite, non pour moi,
mais pour vous, pour la France, pour l'Europe.

» Je porte un toast à la ville de Dijon. »

15 *août*. — Arrivée à Lyon.

Au banquet de l'hôtel de ville, un toast est porté
par le maire de Lyon au Président de la République, qui le remercie par le discours suivant :

« Monsieur le Maire,

» Que la ville de Lyon, dont vous êtes le digne
interprète, reçoive l'expression sincère de ma reconnaissance pour l'accueil sympathique qu'elle m'a
fait ; mais, croyez-le bien, je ne suis pas venu dans
ces contrées, où l'Empereur, mon oncle, a laissé de
si profondes traces, afin de recueillir seulement des
ovations et passer des revues : le but de mon voyage
est, par ma présence, d'encourager les bons, de
ranimer les esprits égarés, de juger par moi-même
des sentiments et des besoins du pays. La tâche que
j'ai à accomplir exige votre concours, et, pour que
ce concours me soit complétement acquis, je dois
vous dire avec franchise ce que je suis et ce que je
veux.

» Je suis, non pas le représentant d'un parti, mais
le représentant des deux grandes manifestations nationales qui, en 1804 comme en 1848, ont voulu
sauver par l'ordre les grands principes de la révolution française. Fier de mon origine et de mon drapeau, je leur resterai fidèle ; je serai tout entier au

pays, quelque chose qu'il exige de moi, *abnégation* ou *persévérance.*

» Des bruits de coup d'État sont peut-être venus jusqu'à vous, Messieurs; mais vous n'y avez pas ajouté foi, je vous en remercie : les surprises et les usurpations peuvent être le rêve des partis sans appui dans la nation; mais l'élu de six millions de suffrages exécute les volontés du peuple, il ne les trahit pas. Le patriotisme, je le répète, peut consister dans l'abnégation comme dans la persévérance.

» Devant un danger général, toute ambition personnelle doit disparaître; en cela, le patriotisme se reconnaît, comme on reconnut la maternité dans un jugement célèbre. Vous vous souvenez de ces deux femmes réclamant le même enfant; à quel signe reconnut-on les entrailles de la véritable mère? au renoncement à ses droits que lui arrache le péril d'une tête chérie. Que les partis qui aiment la France n'oublient pas cette sublime leçon; moi-même, s'il le faut, je m'en souviendrai. Mais, d'un autre côté, si des prétentions coupables se ranimaient et menaçaient de compromettre le repos de la France, je saurais les réduire à l'impuissance en invoquant encore la souveraineté du peuple, car je ne reconnais à personne le droit de se dire son représentant plus que moi.

» Ces sentiments, vous devez les comprendre, car tout ce qui est noble, généreux, sincère, trouve de l'écho parmi les Lyonnais; votre histoire en offre d'immortels exemples. Considérez donc mes paroles comme une preuve de ma confiance et de mon estime.

» Permettez-moi de porter un toast à la ville de Lyon ! »

16 *août*. — Banquet du Jardin-d'hiver.

Réponse du Président de la République à M. Vachon, bâtonnier de l'ordre des avocats, présidant la commission du banquet :

« Messieurs,

» Vous saviez que je ne pouvais rester longtemps dans vos murs, et vous avez eu la pensée de réunir ce matin, autour de moi, le plus de représentants possible des divers éléments qui contribuent à la prospérité lyonnaise. Je vous en remercie ; car je suis heureux de toutes les occasions de me mettre en contact avec le peuple qui m'a élu.

» En nous rencontrant souvent, nous pourrons réciproquement connaître nos sentiments, nos idées, et apprendre ainsi à compter les uns sur les autres. Quand on se voit, en effet, bien des voiles tombent, bien des préventions se dissipent.

» De loin, je pouvais croire la population lyonnaise animée de cet esprit de vertige, qui enfante tant de troubles, et presque en hostilité avec le pouvoir. Ici, je l'ai trouvée calme, laborieuse, sympathique à l'autorité que je représente. De votre côté, vous vous attendiez peut-être à rencontrer en moi un homme avide d'honneurs et de puissance, et vous voyez au milieu de vous un ami, un homme uniquement dévoué à son devoir et aux grands intérêts de la patrie. »

Le même jour, s'inaugure la caisse de secours mutuels et de retraite pour les ouvriers en soie. Le Président, qui assiste à cette solennité, prend la parole après M. le ministre du commerce et M. le président du conseil d'administration :

« Messieurs,

» L'institution que vous m'avez invité à inaugurer est une de celles qui doivent avoir les effets les plus salutaires sur le sort des classes laborieuses. Je ne puis croire qu'il y ait des hommes assez pervers pour prêcher le mal en connaissance de cause ; mais, lorsque les esprits sont exaltés par des bouleversements sociaux, on inculque au peuple des idées pernicieuses qui engendrent la misère. L'ignorance est la cause de ces utopies. En effet, les systèmes les plus séduisants en apparence sont trop souvent inapplicables ; l'empire de la raison est insuffisant pour détruire les fausses doctrines. C'est par l'application des améliorations pratiques qu'on les combat le plus efficacement.

» Les sociétés de secours mutuels, telles que je les comprends, ont le précieux avantage de réunir les différentes classes de la société, de faire cesser les jalousies qui peuvent exister entre elles, de neutraliser en grande partie le résultat de la misère, en faisant concourir le riche, volontairement, par le superflu de sa fortune, et le travailleur, par le produit de ses économies, à une institution où l'ouvrier laborieux trouve toujours conseil et appui.

» On donne ainsi aux différentes communautés un but d'émulation, on réconcilie les classes et on moralise les individus. C'est donc ma ferme intention de faire tous mes efforts pour répandre sur la surface de la France des sociétés de secours mutuels; car, à mes yeux, ces institutions, une fois établies partout, seraient le meilleur moyen, non de résoudre des problèmes insolubles, mais de secourir les véritables souffrances, en stimulant également et la probité dans le travail et la charité dans l'opulence. Je suis heureux de commencer par celle de Lyon, où les idées philanthropiques ont un si grand retentissement; je souhaite à votre société la prospérité dont elle est digne, et je remercie ses fondateurs qui ont si bien mérité de leurs concitoyens. »

Puis, en signant, avec les ministres présents et les membres du conseil d'administration, le procès-verbal de la séance, le chef de l'État a inscrit de sa main, au registre des délibérations, les mots suivants :

« *Plus de pauvreté pour l'ouvrier malade, ni pour celui que l'âge a condamné au repos.* »

Signé : LOUIS-NAPOLÉON BONAPARTE.

16 *août*. — Banquet à l'hôtel de ville, offert par la chambre de commerce. Le Président répond en

ces termes au toast de M. Brosset, président de la chambre de commerce de Lyon :

« Je remercie le commerce et l'industrie de Lyon des félicitations qu'ils m'adressent, et je donne mon entière sympathie aux vœux qu'ils expriment : rétablir l'ordre et la confiance, maintenir la paix, terminer le plus promptement possible nos grandes lignes de chemins de fer, protéger notre industrie, et développer l'échange de nos produits par un système commercial progressivement libéral : tel a été et tel sera le but constant de mes efforts.

» Si des résultats plus décisifs n'ont pas été obtenus, la faute, vous le savez, n'en est pas à mon gouvernement; mais, espérons-le, Messieurs, plus vite notre pays rentrera dans les voies régulières, plus sûrement sa prospérité renaîtra; car, il est bon de le répéter, les intérêts matériels ne grandissent que par la bonne direction des intérêts moraux. C'est l'âme qui conduit le corps. Aussi, se tromperait-il d'une étrange manière, le gouvernement, qui baserait sa politique sur l'avarice, l'égoïsme et la peur!

» C'est en protégeant libéralement les diverses branches de la richesse publique; c'est, à l'étranger, en défendant hardiment nos alliés; c'est en portant haut le drapeau de la France qu'on procurera au pays agricole, commercial, industriel, le plus de bénéfices; car ce système aura l'honneur pour base, et l'honneur est toujours le meilleur guide. »

Après la lecture de ce discours, le Président ajoute :

« A la veille de vous faire mes adieux, laissez-moi vous rappeler des paroles célèbres. Non... je m'arrête... il y aurait de ma part trop d'orgueil à vous dire, comme l'Empereur : « Lyonnais, je vous aime ! » Mais permettez-moi de vous dire du fond de mon cœur : « Lyonnais, aimez-moi ! »

VOYAGE DE STRASBOURG.

22 août. — Au banquet offert par le commerce et l'industrie, un toast est porté, en l'honneur du Président, par M. J. Segenwald, président de la chambre de commerce. Le chef du pouvoir exécutif y répond par le discours suivant :

« Messieurs, recevez mes remercîments pour la franche cordialité avec laquelle vous m'accueillez parmi vous. La meilleure manière de me fêter, c'est de me promettre, comme vous venez de le faire, votre appui dans la lutte engagée entre les utopies et les réformes utiles.

» Avant mon départ, on voulait me détourner d'un voyage en Alsace. On me répétait : Vous y serez mal venu. Cette contrée, pervertie par des émissaires étrangers, ne connaît plus ces nobles mots d'honneur et de patrie que votre nom rappelle, et qui ont fait vibrer le cœur de ses habitants pendant quarante années. Esclaves, sans s'en douter, d'hommes qui abusent de leur crédulité, les Alsaciens se refuseront à voir, dans l'élu de la nation, le représentant légitime de tous les droits et de tous les intérêts !

» Et moi je me suis dit : Je dois aller partout où il y a des illusions dangereuses à dissiper et de bons citoyens à raffermir.

» On calomnie la vieille Alsace, cette terre des souvenirs glorieux et des sentiments patriotiques ; j'y trouverai, j'en suis assuré, des cœurs qui comprendront ma mission et mon dévouement au pays.

» Quelques mois, en effet, ne font pas d'un peuple profondément imbu des vertus solides du soldat et du laboureur un peuple ennemi de la religion, de l'ordre et de la propriété.

» D'ailleurs, Messieurs, pourquoi aurais-je été mal reçu ?

» En quoi aurais-je démérité de votre confiance ?

» Placé par le vote presque unanime de la France à la tête d'un pouvoir légalement restreint, mais immense par l'influence morale de son origine, ai-je été séduit par la pensée, par les conseils d'attaquer une Constitution faite pourtant, personne ne l'ignore, en grande partie contre moi ?

» Non ; j'ai respecté et je respecterai la souveraineté du peuple, même dans ce que son expression peut avoir de faussé ou d'hostile.

» Si j'en ai agi ainsi, c'est que le titre que j'ambitionne le plus est celui d'honnête homme.

» Je ne connais rien au-dessus du devoir.

» Je suis donc heureux, Strasbourgeois, de penser qu'il y a communauté de sentiments entre vous et moi. Comme moi vous voulez notre patrie grande, forte, respectée; comme vous, je veux l'Alsace reprenant son ancien rang, redevenant ce qu'elle a été durant tant d'années, l'une des provinces les plus renommées, choisissant les citoyens les plus dignes pour la représenter, et ayant, pour l'illustrer, les guerriers les plus vaillants.

» A l'Alsace! à la ville de Strasbourg! »

Reims, 28 *août*. — Au banquet de l'archevêché, le Président répond ainsi au toast porté par M. le maire de Reims :

« Messieurs,

» L'accueil que je reçois à Reims, au terme de mon voyage, vient confirmer ce que j'ai vu par moi-même dans toute la France, et ce dont je n'avais pas douté : notre pays ne veut que l'ordre, la religion et une sage liberté. Partout, j'ai pu m'en convaincre, le nombre des agitateurs est infiniment petit, et le nombre des bons citoyens infiniment grand. Dieu veuille qu'ils ne se divisent pas ! C'est pourquoi, en me retrouvant aujourd'hui dans cette antique cité de Reims, où les rois qui représentaient aussi les grands intérêts de la nation sont venus se faire sacrer, je voudrais que nous pussions y couronner non plus un homme, mais une idée : l'idée d'union et de conciliation, dont le triomphe ramènerait le repos dans notre patrie déjà si grande par ses richesses, ses vertus et sa foi.

» Faire des vœux pour la prospérité publique, c'est en faire pour la ville de Reims, dont la position industrielle est d'une si haute importance. »

VOYAGE DE CHERBOURG.

4 septembre. — Séjour à Caen.

Au banquet qui lui est offert dans la salle du musée, le Président répond au toast et au discours de M. Thomine-Desmazures par les paroles suivantes :

« Messieurs,

» L'accueil si bienveillant, si sympathique, je dirai presque enthousiaste, que je reçois à l'est comme à l'ouest de la France, me touche profondément, mais je ne m'en enorgueillis pas. Je m'en attribue la plus faible partie. Ce qu'on acclame en moi, c'est le représentant de l'ordre et d'un meilleur avenir.

» Quand je traverse vos populations, entouré d'hommes qui méritent votre estime et votre confiance, je suis heureux d'entendre dire : Les mauvais jours sont passés ; nous en attendons de meilleurs.

» Aussi, lorsque partout la prospérité semble renaître, il serait bien coupable celui qui tenterait d'en arrêter l'essor par le changement de ce qui existe aujourd'hui, quelque imparfait que ce puisse être.

» De même, si des jours orageux devaient reparaître et que le peuple voulût imposer un nouveau fardeau au chef du Gouvernement, ce chef, à son tour, serait bien coupable de déserter cette haute mission.

» Mais n'anticipons pas tant sur l'avenir. Tâchons maintenant de régler les affaires du pays, accomplissons chacun notre devoir; Dieu fera le reste.

» Je porte un toast à la ville de Caen! »

5 *septembre.* — Arrivée à Cherbourg. Le lendemain 6, au banquet de la ville, le Président répondant au toast du maire M. Ludé, s'exprime ainsi :

« Messieurs,

» Plus je parcours la France et plus je m'aperçois qu'on attend beaucoup du Gouvernement. Je ne traverse pas un département, une ville, un hameau, sans que les maires, les conseillers généraux et même les représentants ne me demandent, ici, des voies de communication, telles que canaux, chemins de fer; là, l'achèvement de travaux entrepris; partout enfin, des mesures qui puissent remédier aux souffrances de l'agriculture, donner de la vie à l'industrie et au commerce.

» Rien de plus naturel que la manifestation de ces vœux : elle ne frappe pas, croyez-le bien, une oreille inattentive; mais, à mon tour, je dois vous dire : Ces résultats tant désirés ne s'obtiendront que si vous me donnez le moyen de les accomplir, et ce moyen est tout entier dans votre concours à fortifier le pouvoir et à écarter les dangers de l'avenir!

» Pourquoi l'Empereur, malgré la guerre, a-t-il couvert la France de ces travaux impérissables qu'on retrouve à chaque pas, et nulle part plus remarquables qu'ici? C'est qu'indépendamment de son génie, il vint à une époque où la nation, fatiguée de révolutions, lui donna le pouvoir nécessaire pour abattre l'anarchie, combattre les factions et faire triompher, à l'extérieur par la gloire, à l'intérieur par une impulsion vigoureuse, les intérêts généraux du pays.

» S'il est une ville en France qui doive être napoléonienne et conservatrice, c'est Cherbourg : napoléonienne par reconnaissance; conservatrice par la saine appréciation de ses véritables intérêts.

» Qu'est-ce, en effet, qu'un port créé, comme le vôtre, par de si gigantesques efforts, sinon l'éclatant témoignage de cette unité française poursuivie à travers tant de siècles et de révolutions, unité qui fait de nous une grande nation? Mais une grande nation, ne l'oublions pas, ne se maintient à la hauteur de ses destinées que lorsque les institutions elles-mêmes sont d'accord avec les exigences de la situation politique et de ses intérêts matériels. Les habitants de la Normandie savent apprécier de semblables intérêts et m'en ont donné la preuve, et c'est avec orgueil que je porte aujourd'hui un toast à la ville de Cherbourg.

» Je porte ce toast :

» En présence de cette flotte qui a porté si noblement en Orient le pavillon français, et qui est prête
à le porter avec gloire partout où l'honneur national
l'exigerait.

» En présence de ces étrangers aujourd'hui nos
hôtes. Ils peuvent se convaincre que si nous voulons
la paix ce n'est pas par faiblesse... mais par cette
communauté d'intérêts et par ces sentiments d'estime mutuelle, qui lient entre elles les deux nations
les plus civilisées.

» Au port de Cherbourg ! »

12 *novembre*. — Message du Président de la République à l'Assemblée législative.

Messieurs les Représentants,

Mon premier Message a coïncidé avec la première
réunion de l'Assemblée législative. Les mêmes électeurs qui venaient de me nommer à la magistrature
suprême du pays vous appelèrent par leurs suffrages
à siéger ici. La France vous vit arriver avec joie,
car la même pensée avait présidé à nos deux élections. Elle nous imposait le même mandat et faisait
espérer de notre union le rétablissement de l'ordre
et le maintien de la paix extérieure.

Depuis le mois de juin 1849, une amélioration
sensible s'est opérée.

Lorsque vous êtes arrivés, le pays était encore re-

mué par les derniers moments de la Constituante.
Plusieurs votes imprudents avaient créé de grands
embarras au pouvoir. Les emportements de la tribune s'étaient, comme toujours, traduits en agitations dans la rue, et le 13 juin vit éclore une nouvelle tentative d'insurrection. Quoique facilement
réprimée, elle fit sentir davantage l'impérieuse nécessité de réunir nos efforts contre les mauvaises passions. Pour les vaincre, il fallait d'abord prouver à
la nation que la meilleure intelligence régnait entre
l'Assemblée et le pouvoir exécutif, imprimer à l'administration une direction unique et ferme, combattre résolûment les causes de désordre, ranimer
les éléments de prospérité.

INTÉRIEUR.

Les lois importantes que la gravité des événements
obligea d'adopter contribuèrent puissamment à rétablir la confiance, parce qu'elles prouvèrent la force
de l'Assemblée et du Gouvernement lorsqu'ils sont
en parfait accord.

L'administration, de son côté, redoubla de vigueur, et les fonctionnaires, qui ne paraissaient ni
assez capables, ni assez dévoués pour remplir la mission difficile de concilier sans faiblesse et de réprimer
sans esprit de parti, furent révoqués; d'autres, au
contraire, élevés en grade ou récompensés.

L'autorité municipale, si salutaire lorsque son
action s'unit franchement à celle du pouvoir exécutif, s'attira justement, dans beaucoup de communes,

des reproches très-graves. Quatre cent vingt et un maires et cent quatre-vingt-trois adjoints ont dû être révoqués; et, si tous ceux qui sont demeurés au-dessous de leurs fonctions n'ont pas été atteints, c'est que l'imperfection de la loi s'y est opposée.

Le conseil d'État, pour y remédier, a déjà commencé l'examen d'un projet de loi; mais il est difficile de concilier les franchises municipales avec l'unité d'action, véritable force du pouvoir central.

La garde nationale, auxiliaire utile contre les ennemis du dedans et du dehors quand elle est bien organisée, n'a agi que trop souvent dans un sens contraire au but de son institution, et nous a obligés de la dissoudre dans cent cinquante-trois villes ou communes, partout enfin où elle présentait le caractère d'un corps armé délibérant.

La justice a dignement secondé le pouvoir. La magistrature a déployé une grande énergie pour faire exécuter les lois et punir ceux qui les violaient.

Pour assurer l'ordre dans les provinces les plus agitées, de grands commandements, comprenant plusieurs divisions militaires, ont été créés, et des pouvoirs plus étendus confiés à des généraux expérimentés. Partout l'armée a donné son concours avec cet admirable dévouement qui lui est propre; partout aussi, la gendarmerie a accompli sa mission avec un zèle digne d'éloges.

On a beaucoup calmé l'agitation des campagnes, en mettant un frein à la détestable propagande qu'exerçaient les instituteurs primaires. De nombreuses épurations ont été faites. Les maîtres d'école ne sont plus aujourd'hui des instruments de désordre.

Quoique préoccupé sans cesse d'une répression urgente, le Gouvernement a adopté tout ce qui lui semblait propre à améliorer la situation du pays. Ainsi, malgré la difficulté des circonstances, l'impôt foncier a pu être réduit de 27 millions. Un projet d'organisation de crédit foncier, dont l'application sera encore facilitée par la réforme hypothécaire, vous a été soumis.

Les lois relatives aux caisses de retraite et de secours mutuels que vous avez votées exerceront la plus salutaire influence sur le sort des classes ouvrières. L'organisation des sociétés de patronage, l'auxiliaire le plus utile de l'administration dans le double intérêt de la morale et de la sûreté publique; les hospices, les établissements de charité, ont été l'objet d'une sollicitude particulière. La meilleure destination possible a été donnée aux fonds de secours.

Un projet s'élabore depuis plusieurs années, en vue de procurer aux communes tout le fruit qu'elles pourraient retirer de leurs terrains vagues.

La vicinalité, source de prospérité pour les campagnes, reçoit de constantes améliorations, qui tendent à compléter l'ensemble des communications rurales.

Le dernier Message exprimait le désir de voir supprimer la prestation en nature; l'Assemblée nationale a été saisie de propositions relatives à cet objet. Les conseils généraux, consultés, se décident, la plupart, pour le maintien de la prestation en nature plutôt que pour sa suppression. Mais, *maintenir la proportionnalité de l'impôt, sans amoindrir les ressources nécessaires*, est un problème difficile à résoudre.

La situation financière des communes s'améliore; mais le Gouvernement modère leur penchant excessif à voter des dépenses locales.

Les nouvelles lignes télégraphiques, votées par la loi du 10 février dernier, sont en voie d'exécution. Elles fonctionnent de Paris à Tours, à Rouen, à Valenciennes; mais il est nécessaire d'étendre ce réseau. La loi sur la télégraphie privée, soumise en ce moment à l'Assemblée, réclame une prompte solution.

Le gouvernement a usé d'indulgence toutes les fois qu'il a pu le faire sans danger. Ainsi, depuis le mois de juin 1849, 2,400 transportés ont été mis en liberté, sans que le repos public ait été compromis. Il n'en reste plus que 458 qui ont été envoyés en Algérie.

Il existe encore, malheureusement, sans compter les transportés de juin, 348 condamnés politiques dans les prisons de France.

L'interdiction du travail dans les prisons avait aggravé le sort des détenus. Le décret du 9 janvier 1849 n'a pas remédié au mal. Un projet de loi, qui sauvegarde les intérêts de la société et ceux des détenus, est soumis au Conseil d'État. Dès qu'il sera adopté, le Gouvernement utilisera, autant que possible, cette classe nombreuse, dans les travaux agricoles.

Le bien-être et la moralisation des jeunes détenus, le système pénitentiaire cellulaire, l'amélioration du régime des maisons centrales, continuent d'être étudiés avec un soin sérieux, et bientôt le Gouvernement demandera à l'Assemblée le moyen de créer des colonies agricoles modèles pour les jeunes détenus, ainsi que le prescrit la loi du 5 août dernier.

Un projet de loi vous sera présenté pour venir au secours des vieux débris de nos armées de la République et de l'Empire qui sont aujourd'hui sans ressources, parce que les événements politiques les ont frustrés de leurs droits, et qu'il est indigne d'une grande nation de laisser plus longtemps dans la misère.

FINANCES.

L'ensemble de cette politique a notablement amélioré notre situation financière.

Le compte de 1848 vous a été soumis, et vous a fait connaître le solde définitif de cet exercice.

On a pu croire un instant que le budget de 1849, en raison de certaines circonstances imprévues au moment où il fut voté, imposerait au trésor une charge d'environ 300 millions. Grâce aux progrès des revenus et aux économies introduites dans divers services, ce découvert, on peut aujourd'hui l'affirmer, sera réduit de près de 100 millions.

Tout nous fait espérer que le déficit prévu pour

le budget de 1850 sera sensiblement atténué, et que l'équilibre annoncé pour 1851 sera réalisé : la marche ascendante des revenus indirects se soutient; les neuf premiers mois de 1850, comparés aux mois correspondants de l'année dernière, donnent un avantage de plus de 28 millions. Les contributions indirectes, dont les tarifs n'ont pas été modifiés, et qui figurent pour plus de 16 millions dans cet accroissement, attestent la reprise des affaires et l'amélioration du sort des classes laborieuses.

La paix et l'ordre intérieurs ont porté d'autres fruits :

Les fonds déposés aux caisses d'épargne depuis le 1er janvier 1849 excèdent les remboursements de 69 millions (1).

Le chiffre du portefeuille de la Banque, qui était tombé successivement au-dessous de 100 millions, s'est élevé, et, le 7 de ce mois, il dépassait 135 millions de francs. En supprimant le cours forcé des billets, vous avez eu raison de compter sur le rétablissement de la confiance : les faits ont pleinement justifié cette grave mesure; le retour aux statuts primitifs n'a réduit ni l'étendue ni l'importance de la circulation (2).

---

(1) Montant des dépôts au 1er janvier 1849. . . . . 10,976,000 fr.
Id. au 1er novembre 1850 (non compris les fonds de compensation accordés aux anciens déposants). . . 79,938,000

Augmentation. . . . 68,962,000

(2) Billets de la Banque et des succursales en circulation :
Le 8 août 1850. . . . . . 500,144,300 fr.
Le 7 novembre 1850. . 501,475,400

Si le produit des douanes a éprouvé quelque diminution, la différence provient de causes accidentelles que vous connaissez, et qui sont afférentes aux sels et aux sucres coloniaux; mais, considéré dans son ensemble, notre commerce international, après une forte dépression en 1848, s'est relevé en 1849 par un mouvement rapide qui continue à progresser. Abstraction faite de l'introduction extraordinaire des céréales qui eut lieu en 1847, nous sommes en avance sur cette année elle-même, tant pour la valeur des marchandises importées et exportées que pour le nombre et le tonnage des navires (1).

Le recouvrement des contributions directes s'opère avec une exactitude remarquable; le 30 septembre dernier, un tiers du douzième était en retard. C'est

---

(1) *Mouvement commercial et maritime des neuf premiers mois des années* 1847, 1848, 1849, 1850.

	1847.	1848.	1849.	1850.
Valeur officielle des marchandises importées et exportées. (Commerce spécial.	(A) 792,329,000 f.	689,513,000 f.	910,195,000 f.	939,388,000 f.
Nombre total des navires	(A) 21,039	19,152	22,486	24,073
Tonnage	(A) 2,482,000	2,235,000	2,597,000	2,789,000
Navires français (entrée et sortie.	10,610	9,238	11,081	11,409

(A) Déduction faite des céréales.

beaucoup moins que dans les époques les plus prospères (1).

Ces heureux changements dans l'ensemble des faits financiers nous auront promis, de 1849 à 1851, c'est-à-dire dans l'espace de trois années, malgré la réduction de plusieurs taxes importantes, de doter le pays de près de 260 millions de travaux publics, de soulager les dernières classes de patentables, de faire remise de 27 millions à l'agriculture, de solder ponctuellement toutes les dépenses des budgets en déficit, et d'arriver enfin, c'est notre vif désir et notre ferme espoir, à établir la balance entre les charges et les ressources annuelles de l'État. Ces résultats auront été obtenus sans exiger un recours extraordinaire au crédit et sans imposer au trésor des avances exagérées.

Le pays, n'en doutons pas, Messieurs, a le senti-

---

(1) *État de la situation du recouvrement des Contributions directes des années 1845 à 1850, à l'époque du 30 septembre 1850.*

ANNÉES.	MONTANT DES RÔLES.	MONTANT des RECOUVREMENTS.	PROPORTION DU RETARD en douzièmes et fractions de douzièmes.
1845	415,400,000 f.	255,900,000 f.	61/100ᵉ de douzièmes.
1846	418,100,000	260,700,000	70/100ᵉ *idem.*
1847	422,800,000	262,800,000	52/100ᵉ *idem.*
1848	431,000,000	240,400,000	1/12 31/100ᵉ *idem.*
1849	436,900,000	291,400,000	70/100ᵉ *idem.*
1850	431,400,000	288,200,000	33/100ᵉ *idem.*

ment de cette situation améliorée. Chacun a pu reconnaître que les finances de l'État, qui, l'année dernière, figuraient au premier rang dans les préoccupations de l'opinion publique, sont bien loin aujourd'hui d'inspirer les mêmes appréhensions. Je constate avec satisfaction ce progrès; il est la récompense du bon esprit des populations et des efforts communs du Gouvernement et de l'Assemblée; il sera un encouragement pour tous.

Après être sorti du système fâcheux des douzièmes provisoires, le gouvernement a tenu à honneur de rentrer complétement dans la règle. Le budget de 1851 a été voté en temps utile, et celui de 1852 vous sera présenté dès le commencement de l'année prochaine.

Un perfectionnement, longtemps demandé, vient d'être réalisé dans la comptabilité publique : la durée des exercices a été, par un décret récent, abrégée de deux mois. Favorable à la fois au trésor et à ses créanciers, cette mesure accélérera la liquidation et le payement des dettes de l'État, et rendra plus faciles la formation et le jugement des comptes.

Pour entrer dans les vues de l'Assemblée, l'administration a entrepris et presque terminé la réorganisation de tous les arrondissements de perception. Ce grand travail, qui entraînera la suppression successive, par voie d'extinction, de 1,500 emplois, aura pour résultat une économie considérable.

Trois projets de loi sur des objets dignes de vos méditations ne tarderont pas à vous être soumis.

L'un, conçu dans l'intérêt de l'agriculture, du commerce et de l'industrie, a pour but d'affranchir l'administration des canaux, au moyen du rachat des actions de jouissance, des entraves qui résultent du cahier des charges.

L'autre règle la matière générale des pensions.

Le troisième demande à l'Assemblée les voies et les moyens nécessaires pour opérer, en vue d'une meilleure répartition de l'impôt foncier, une nouvelle évaluation des revenus territoriaux. Nous vous proposerons une combinaison qui, en maintenant le produit actuel de l'impôt, soulagera successivement les départements surchargés, sans aggravation pour les autres.

TRAVAUX PUBLICS.

La réduction du crédit a forcé d'ajourner beaucoup de travaux nécessaires, et de ralentir même l'exécution des plus urgents. Néanmoins, d'importantes sections de chemins de fer ont été, depuis un an, livrées à la circulation.

Le deuxième semestre de 1849 a vu s'ouvrir les sections de :

Paris à Châlons-sur-Marne ; — Paris à Tonnerre ; — Dijon à Châlons-sur-Saône ; — Saumur à Angers ; — Versailles à Chartres ; — Noyon à Chauny ; — Saint-Pierre à Calais. — Total : 574 kilomètres.

Pendant l'année 1850, se sont ouvertes les sections de :

Châlons-sur-Marne à Vitry ; — Metz à Nancy ; —

Nérondes à Nevers; — Chauny à Saint-Quentin. — TOTAL : 152 kilomètres.

L'année 1851 verra s'ouvrir les sections de :

Vitry à Bar-le-Duc; — Metz à Saint-Avold; — Strasbourg à Sarrebourg; — Tonnerre à Dijon; — Tarascon à Beaucaire; — Tours à Poitiers; — Angers à Nantes; — et, nous l'espérons, Chartres à la Loupe. — TOTAL : 513 kilomètres.

L'industrie métallurgique est une de celles dont les travaux reprennent le plus lentement. En 1849, les usines à fer ont fabriqué 425,000 tonnes de fonte, valant environ 59 millions, et 275,000 tonnes de gros fer, d'une valeur de 81 millions environ. Aujourd'hui l'activité des établissements métallurgiques semble se ranimer.

On continue, avec le soin le plus persévérant, les études qui ont pour but de mettre à la disposition de l'agriculture les moyens, si précieux pour elle, d'arroser et de dessécher les terres.

La liberté du roulage, que, par un projet de loi récent, nous vous avons proposé d'établir, sera aussi, pour l'agriculture, comme pour le commerce, un véritable bienfait.

J'appelle principalement l'attention de l'Assemblée sur la concession du chemin de fer de Lyon. De cette concession dépend la reprise des travaux les plus importants; car elle permettrait de répartir entre les autres chemins de fer et les autres travaux publics de toute sorte les sommes dont elle dégréverait le trésor.

Nos intérêts politiques, commerciaux et industriels, exigent l'achèvement, le plus prompt possible, des lignes de Paris à Marseille, de Paris à Strasbourg, de Paris à Bordeaux, de l'Ouest au Centre.

Or, pour achever ces chemins de fer et nos grands travaux publics en cours d'exécution, le trésor aura encore, au 1er janvier prochain, 585 millions à dépenser.

Savoir :

Pour les chemins de fer. . . . 430,000,000 fr.
(dont 230 pour le chemin de
Paris à Lyon et pour le chemin de Lyon à Avignon).
Pour les canaux, et surtout
pour achever le canal de la
Marne au Rhin et le canal
latéral à la Garonne. . . . 25,000,000
Pour l'amélioration de la navigation de nos rivières. . . . 56,000,000
Pour les ports sur le littoral de
l'Océan et de la Méditerranée. 54,000,000
Pour les routes (1). 20,000,070
    Total. 585,000,000

---

(1) Pour borner à 20 millions les sommes à allouer aux routes, il faudrait ne consacrer à leur amélioration que ce qui reste du crédit

Si tous ces travaux restaient à la charge de l'État, le trésor aurait donc encore 585 millions à dépenser; ils ne pourraient être de longtemps terminés; et, avec une dotation moyenne de 70 millions par année, comme en 1850 et 1851, leur achèvement exigerait encore près de neuf années.

Si le chemin de Lyon est concédé, il en résultera pour le trésor un dégrèvement d'au moins 260 millions (1), ce qui réduira ses charges à 325 millions, et à moins de cinq années le temps nécessaire pour terminer ces grands travaux.

Réduire les charges du trésor de 260 millions; avancer de quatre années l'achèvement de nos routes, de nos canaux, de nos rivières, de nos chemins de fer, ce serait, Messieurs, une grande et utile mesure.

L'Assemblée, je l'espère, sera frappée, comme moi, de l'immense avantage d'une prompte con-

---

spécial affecté à l'achèvement de leurs lacunes et de leurs rectifications, crédit qui, pourtant, sera tout à fait insuffisant, surtout pour les pays de montagnes privés de chemins de fer.

(1) Si l'État était obligé de faire le chemin de Paris à Lyon, et celui de Lyon à Avignon, il aurait à y dépenser encore, au 1er janvier prochain, une somme de 230 millions.

Si, au contraire le chemin de Paris à Lyon, au point où il en est, était concédé à une compagnie, cette concession donnerait un minimum de 80 millions.

De ces 80 millions, 50 serviraient, comme subvention, à assurer la concession du chemin de Lyon à Avignon.

Les 30 millions restants, ajoutés aux 230 qu'on n'aurait plus à dépenser, compléteraient une somme de 260 millions, dont le budget des travaux publics serait dégrévé.

cession du chemin de fer de Paris à Lyon, pour l'ensemble de nos travaux.

AGRICULTURE ET COMMERCE.

Propager les améliorations, porter remède aux souffrances, c'est le devoir de l'administration de l'agriculture et du commerce. La crise qui pèse sur notre agriculture appelait toute sa sollicitude ; l'étendue du mal aurait rendu les ressources dont le Gouvernement dispose bien insuffisantes, s'il avait voulu en faire une application générale. Il a paru plus utile d'en localiser l'emploi. Des achats de grains, opérés pour les services de la guerre et de la marine sur les marchés où la dépréciation se faisait le plus sentir, ont soulagé ces détresses locales, en rendant aux cours quelque fermeté.

Quoique la récolte des céréales n'ait pas répondu, en 1850, à toutes les espérances qu'elle avait fait naître, elle ne laisse aucune crainte pour l'approvisionnement du pays.

La baisse du prix des grains ne pouvait manquer d'amener une dépréciation correspondante sur les marchés aux bestiaux de boucherie.

L'administration de l'agriculture ne négligera aucun des moyens qui peuvent favoriser l'élève du bétail. Aussi les concours d'animaux ont-ils reçu cette année de grands développements. Outre les concours locaux, il a été ouvert des concours régionaux à Nîmes, Aurillac, Saint-Lô et Bordeaux, et un concours général à Versailles, plus spécialement réservé à l'amélioration des races. De nombreux cultivateurs, venus à Versailles de tous les points de la France, constataient, il y a peu de jours, l'utilité de cette institution.

La production chevaline, partout en progrès, présente les résultats les plus satisfaisants. L'administration des haras, qui marche avec un ordre et une régularité dignes d'éloges, a bien mérité de l'agriculture et de l'armée. Le nombre des chevaux s'est accru dans le pays ; leur valeur s'est relevée.

L'institution des courses a pris elle-même, cette année, une extension considérable : dans l'ensemble du pays une somme de 800,000 fr. leur a été consacrée. Comme la part de l'État ne s'élève qu'à 300,000 fr. dans ce chiffre, on voit que les pouvoirs locaux leur ont prêté un concours puissant.

La pratique des procédés agricoles a fait des progrès qui, par leur importance, s'élèvent à la hauteur de véritables révolutions économiques. Dans le courant de la session, le ministère soumettra à l'Assemblée des mesures tendant à développer la pratique des irrigations. Il appellera votre attention sur les procédés de drainage, qui sont en Angleterre l'objet de si larges encouragements. Une loi concernant la police des engrais industriels vous sera proposée. Les méthodes remarquables de culture, de rouissage et de préparation du lin, qui viennent d'être introduites en Angleterre, en Irlande et en Belgique, ne pouvaient non plus trouver le Gouvernement indifférent. Il en a fait une étude approfondie dont les résultats vous seront soumis dans l'exposé des motifs d'une loi qui vous sera proposée, pour affranchir de tout droit d'entrée la graine de lin de semence, de la provenance de Riga.

Les notions positives acquises à la science agricole se répandent pour la jeunesse du pays, par l'intermédiaire des écoles régionales et des fermes-écoles ; pour les agriculteurs, par la publication de rapports émanés des hommes les plus compétents.

La situation industrielle du pays s'est généralement améliorée en 1850, même en prenant 1849 comme terme de comparaison. Presque partout l'activité constatée durant le cours de l'année dernière s'est soutenue ; souvent, elle s'est développée. Les rapports récents des chambres de commerce et des manufactures signalent cet état prospère. L'industrie des draps et tissus de laine, celle des toiles et du coton, les cuirs, les poteries, les verreries, les objets de luxe ont trouvé des débouchés faciles et avantageux. L'industrie des soies a partagé la même activité jusqu'ici.

Si l'industrie métallurgique n'a pu se relever encore, en ce qui concerne la fabrication des produits destinés aux chemins de fer, la construction des machines a pris une extension en rapport avec le mouvement des affaires.

Quelques faits donnent la mesure exacte du progrès accompli.

Dans le premier semestre de 1847, le Gouvernement autorisait la création de 92 établissements industriels; en 1848, ce nombre tombe à 68, et même à 45, l'an dernier. Pour le premier semestre de 1850, il est remonté à 87.

Les charges de courtiers et d'agents de change ont repris leur valeur ; les ventes sont, cette année, aussi nombreuses qu'en 1847.

Le conseil d'État va examiner le projet de règlement d'administration publique marquant les exceptions que réclame l'exécution de la loi sur la limitation de la durée du travail à douze heures. Ce projet concilie les besoins constatés de l'industrie avec le respect dû à la loi. Fruit de l'expérience des industriels les plus éminents, il lèvera les difficultés, peu nombreuses d'ailleurs, qu'elle a soulevées.

Deux lois qui intéressent la loyauté des transactions, l'une sur les marques de fabrique, et l'autre sur le dévidage métrique, vous seront soumises dans le cours de la session.

La loi des brevets d'invention de 1844 appelle quelques modifications nécessaires pour assurer aux droits des inventeurs une garantie plus efficace : elles vous seront proposées.

L'Assemblée nationale est saisie de trois projets de loi : l'un, présenté le 15 mars 1850, propose de réformer le régime commercial de l'île de la Réunion dans un sens plus libéral et mieux approprié aux nouveaux éléments d'échange, qu'il importe de développer entre notre colonie et les contrées de l'Asie orientale.

Le second projet de loi, préparé par les départements du commerce et de la guerre, et soumis le 1er mai à l'Assemblée, a pour objet de régler, sur des bases plus libérales, le régime commercial et économique de l'Algérie. Il doit, dans la pensée du Gouvernement, imprimer aux progrès de la colonisation une impulsion décisive.

Enfin, le troisième projet de loi, qui vous a été apporté le 12 juillet, concerne le tarif des sucres. Sans méconnaître les difficultés d'une solution définitive, le Gouvernement a pensé qu'en dégrévant, dans une forte proportion, l'impôt qui pèse sur le consommateur, et en remplaçant par une taxe suffisamment protectrice le droit prohibitif qui repousse encore le sucre étranger, il concilierait avec équité l'intérêt populaire, qui réclame le sucre à bas prix, avec les intérêts de la production indigène ou coloniale, ceux de la marine marchande et ceux du trésor.

La solution définitive de ces trois questions appartient complétement aujourd'hui au vote de l'Assemblée.

D'autres améliorations sont prêtes : le département du commerce, après s'être éclairé des lumières d'une commission spéciale, a préparé un projet de loi sur l'allocation des primes destinées à l'encouragement des grandes pêches. La loi expire au 31 décembre 1851.

A l'intérieur, par l'ouverture de nouveaux bureaux de douane, par la création de nouveaux entrepôts, par la simplification des formalités de transit, par l'application opportune du régime de l'admission temporaire, l'administration s'est efforcée d'ajouter de nouvelles facilités aux échanges de la France avec l'étranger.

Le département du commerce a pris toutes les mesures nécessaires pour que les produits de l'industrie française figurassent avec honneur à l'exposition universelle qui doit avoir lieu à Londres en 1851.

Dans l'intérêt de notre marine marchande, une enquête, analogue à celle de 1824, sera ouverte prochainement, et permettra de constater tous les besoins. Les armateurs la réclament et le Gouvernement la désire. Elle ne demeurera pas stérile.

Parmi les institutions de prévoyance qu'il est dans l'intention et dans la volonté du Gouvernement de développer, les sociétés de secours mutuels et la caisse des retraites fondée par l'État se placent au premier rang.

Une enquête, qui se poursuit avec activité, rendra compte du nombre de sociétés de secours mutuels déjà existantes en France et des services qu'elles rendent. Elle amènera la formation d'une table exacte des chances de maladie correspondantes à chaque âge. En attendant, rien n'est négligé pour provoquer la création de ces institutions sur des bases en rapport avec la pensée du législateur, et le Gouvernement peut se féliciter du concours que lui ont prêté dans cette circonstance tous les chefs d'industrie, et en particulier ceux de Lyon et de Mulhouse, qui ont donné le plus noble exemple.

Les mesures quarantenaires fournissent au Gouvernement les moyens de garantir la santé publique des dangers du dehors ; mais leur exagération entraîne des entraves pour la liberté de nos relations internationales. Les principes restrictifs sur la matière, admis par les puissances étrangères, causent de grands dommages au commerce français, sans réciprocité possible de notre part, nos règlements étant généralement dictés par un esprit libéral. Un accord entre les grandes puissances qui ont des ports sur la Méditerranée ferait cesser les entraves et les pertes de temps et d'argent qui en résultent. Tous nos efforts tendent à l'obtenir.

JUSTICE.

L'Assemblée nationale est encore saisie de trois projets de lois essentielles :

Sur l'organisation judiciaire ;

Sur l'assistance judiciaire ;

Sur les hypothèques.

La première remplit une des obligations imposées par la Constitution. Les deux autres réalisent des promesses contenues dans le Message du 6 juin 1849.

Mais la loi sur les hypothèques ne suffirait pas à l'établissement du crédit foncier ; elle donne de la solidité au gage territorial, mais elle accélère fort peu la liquidation et ne fait pas cesser les plaintes unanimes qui accusent de lenteur le règlement des créances hypothécaires.

L'administration de la justice, pour compléter son œuvre, a préparé un nouveau projet de loi sur la distribution, par voie d'*ordre*, du prix des immeubles, en conciliant, autant qu'elle a pu le faire, la promptitude avec la sécurité.

L'attention de l'Assemblée nationale sera appelée, en même temps, sur des projets de loi relatifs à la réhabilitation des condamnés, soit à la répression des crimes et délits commis à l'étranger par des Français, soit à quelques autres parties importantes de notre législation pénale.

Six mille condamnés, renfermés dans nos bagnes de Toulon, de Brest et de Rochefort, grèvent notre budget d'une charge énorme, se dépravent de plus en plus et menacent incessamment la société. Il a semblé possible de rendre la peine des travaux forcés plus efficace, plus moralisatrice, moins dispendieuse, et, en même temps, plus humaine, en l'utilisant aux progrès de la colonisation française. Un projet de loi vous sera présenté sur cette question.

On proposera, en même temps, de rendre plus utile et plus réelle la surveillance à laquelle sont assujettis les malfaiteurs que la justice a frappés d'une peine afflictive et infamante.

Le nombre des délits et crimes commis, chaque année, atteste combien est indispensable l'amélioration de notre législation répressive. Or, ces modifications, qui préparent la réforme pénitentiaire, la rendront moins dispendieuse et diminueront la fréquence des récidives. Elles contribueront aussi à l'œuvre de justice et de moralisation que la magistrature continue avec un dévouement si impartial et une si vigilante fermeté.

INSTRUCTION PUBLIQUE ET CULTES.

L'article 9 de la Constitution prescrivait d'introduire dans l'enseignement la liberté de la concurrence, sous certaines conditions de capacité et de moralité, et sous la surveillance de l'État. Deux mesures ont préparé la loi qui a opéré cette réforme radicale : la première est l'abolition du certificat d'études ; la seconde, la loi transitoire concernant la nomination et la révocation des instituteurs primaires. L'une de ces mesures a mis un terme à d'anciennes et vives réclamations ; l'autre, d'après les rapports unanimes des préfets, a porté les plus heureux fruits.

La loi importante du 15 mars 1850 entraînait un remaniement considérable du personnel ainsi que des règlements nouveaux. Plusieurs mois ont été consacrés à ce double travail. Le premier est presque achevé. Divers décrets, élaborés avec le concours du Conseil d'État, ont pourvu aux exigences réglementaires les plus pressantes. D'autres projets sont à l'étude. Tout annonce qu'en général les dispositions de la nouvelle loi réaliseront les espérances du Gouvernement et de l'Assemblée.

L'administration des cultes a obtenu du saint-siége, après de lentes négociations, une mesure réclamée depuis longtemps : l'érection de trois évêchés coloniaux et la nomination de trois prélats pour la Martinique, la Guadeloupe et l'île de la Réunion.

Dans le même consistoire, le souverain pontife a proclamé trois nouveaux cardinaux accordés à l'Église de France comme un témoignage éminent de reconnaissance envers notre pays, et d'estime pour l'épiscopat français.

GUERRE.

L'effectif de l'armée de terre, qui, au mois de juin 1849, s'élevait à 451,000 hommes et 93,754 chevaux, n'est plus aujourd'hui que de 396,000 hommes et de 87,400 chevaux, et bientôt il rentrera complétement dans les limites budgétaires, où il sera maintenu, si les circonstances politiques nous le permettent. Son organisation ne sera définitive qu'après l'adoption des projets de loi des cadres soumis le 19 juin dernier. Divers essais ne sont pas moins tentés ou à l'étude pour augmenter le bien-être du soldat, diminuer les non-valeurs dans les corps et modifier le contrôle administratif.

J'appelle de nouveau vos méditations sur les projets de loi qui vous sont présentés et qui peuvent améliorer la position des officiers, sous-officiers et soldats.

L'Algérie avait beaucoup souffert des événements politiques de 1848. La diminution notable qu'a éprouvée l'effectif de nos troupes n'a pas empêché notre brave armée de faire face à tous les dangers. Zaatcha, pris après des prodiges de valeur, Bou-çada soumis, consolident notre domination et permettent de poursuivre l'œuvre de pacification.

Dans la province de Constantine une colonne parcourt, aux mois de mai et de juin, le pays conquis entre Sétif et Bougie; les Beni-Immel sont culbutés par le brave et infortuné général de Barral, et, quelques jours après, les Beni-Meraïl. Dans le sud, l'Aurès a été visité plusieurs fois par nos troupes; la soumission des Nememcha assure à nos marchés un approvisionnement important, et la nouvelle organisation de ces contrées nous ouvre une voie dans l'intérieur de l'Afrique.

La tranquillité de la province d'Alger permet la continuation des travaux commencés; les populations ont beaucoup souffert de la disette; l'autorité militaire est venue à leur secours par tous les moyens possibles.

La tranquillité a été maintenue dans la province d'Oran; partout, grâce à l'intelligence des officiers de nos bureaux arabes, les indigènes apprécient chaque jour davantage la justice de notre administration.

L'œuvre de la colonisation se continue; les 42 colonies agricoles, distribuées dans nos trois provinces, pourront former, avec le temps, de beaux établissements. Une population européenne de 115,000 habitants, répandus dans 133 villes ou villages, 11,000 colons concessionnaires ayant élevé des constructions dont la valeur actuelle est de 14 millions, attestent un progrès qui, je l'espère, ne se ralentira pas.

Nos voies de communication comprennent une étendue de 5,350 kilomètres.

L'insalubrité disparaît chaque jour; près de 8,000 hectares de marais ont été desséchés. En même temps, la fécondité s'est accrue par le creusement de 250,000 mètres de canaux d'irrigation et de 75,000 rigoles; 116,000 mètres d'aqueducs ou de conduits amènent les eaux dans nos villes. Enfin, près de 900 édifices de toute nature ont été élevés jusqu'à ce jour.

Les importants travaux du port d'Alger se continuent avec activité.

L'administration est arrivée à la connaissance d'une quantité considérable de gisements minéralogiques qui contribueront prochainement à la richesse de l'Algérie et de la métropole.

La culture du tabac, du mûrier, du nopal à cochenilles, du coton, de la garance, prend de grands développements; le commerce des laines s'élève déjà à 36 millions, celui des peaux à 24 millions.

Enfin, d'immenses travaux de défense, des casernes pour 40,000 hommes, des hôpitaux pour 5,000 malades, garantissent la sûreté de notre conquête et le bien-être de notre armée, aux fatigues incessantes de laquelle revient la plus grande part dans tous les travaux dont nous venons de parler.

L'État ne négligera rien pour arriver à la prospérité de la colonie.

MARINE.

La marine a été maintenue sur un pied respectable, malgré les réductions commandées par le budget.

Les étrangers ont rendu hommage à la belle organisation de notre flotte réunie à Cherbourg.

Cependant notre force maritime ne se compose que de 125 bâtiments, au lieu de 235 que nous avions en activité en 1848. Elle emploie 22,561 hommes, au lieu de 29,331 portés sur les cadres de la même année.

L'effectif actuel ne suffit qu'imparfaitement à la protection des intérêts français engagés sur tous les points du globe.

L'esprit de nos marins est excellent, leur dévouement à toute épreuve.

Les ouvriers de nos arsenaux, éclairés par l'expérience, ont repris leurs travaux avec activité, et nous en pouvons signaler d'importants :

A Cherbourg, la digue, le nouvel arsenal, le fort des Flamands, le creusement de l'arrière-bassin ;

A Toulon, le curage de la rade, dont la cinquième partie est déjà terminée ;

A Oléron, l'élévation du fort Bayard pour protéger la rade de l'île d'Aix ;

A Port-Vendres, tout ce qui est nécessaire pour offrir un sûr refuge à la flotte;

A Marseille, le nouveau bassin.

En attendant les résultats de l'enquête, l'administration a dû différer toute réforme radicale dans les diverses branches de l'administration si complexe du département de la marine.

Cependant, par décret du 16 janvier 1850, le conseil d'amirauté a été constitué de manière à assurer à tous les corps de la marine les garanties données aux officiers de la flotte.

Le régime pénal de la marine a été soumis à une révision approfondie : cet important travail, réclamé depuis longtemps par les marins et les jurisconsultes, vous sera soumis dans un temps peu éloigné.

L'ordonnance sur le service à la mer va recevoir incessamment des modifications qui ajouteront les progrès accomplis aux principes immuables de la discipline.

Dans les colonies des Antilles, après des désastres dont le résultat n'a pas été aussi funeste qu'on pouvait le redouter, si l'on considère la gravité de la brusque épreuve de transformation sociale qu'elles ont subie, le calme est rétabli, et le Gouvernement est fermement résolu à le maintenir par une administration énergique, qu'il saura concilier avec l'apaisement des divisions de castes.

La décroissance sensible de la production est un fait incontestable, mais qui peut s'expliquer, en

partie, par l'effet des saisons et par la situation gê-
née des propriétaires, sans qu'il faille encore en rien
conclure de défavorable à l'avenir du travail libre.
Rien n'est négligé pour améliorer la situation morale
et matérielle dans nos possessions coloniales. Organisation politique, justice, administration, banques,
colonisation, tout a été soumis à l'examen d'hommes
éminents, et deviendra l'objet de plusieurs projets
de loi successifs.

Notre colonie de la Réunion, exempte de troubles,
n'aurait pas vu décroître sa remarquable prospérité,
si deux ouragans successifs n'y avaient porté assez
récemment la dévastation.

Sur la côte occidentale d'Afrique, notre commerce se signale par des progrès auxquels prennent
une part intéressante nos établissements du Séné-
gal, de Gorée, et nos comptoirs échelonnés jusqu'à
l'équateur.

A Taïti, le maintien de notre protectorat conserve, dans l'Océanie, un point d'appui pour nos
missions, ainsi que pour notre marine militaire et
marchande.

AFFAIRES ÉTRANGÈRES.

Depuis mon dernier Message, notre politique
extérieure a obtenu en Italie un grand succès. Nos
armes ont renversé à Rome cette démagogie turbu-
lente qui, dans toute la péninsule italienne, avait
compromis la cause de la vraie liberté, et nos braves
soldats ont eu l'insigne honneur de remettre Pie IX

sur le trône de saint Pierre. L'esprit de parti ne parviendra pas à obscurcir ce fait mémorable, qui sera une page glorieuse pour la France. Le but constant de nos efforts a été d'encourager les intentions libérales et philanthropiques du Saint-Père. Le pouvoir pontifical poursuit la réalisation des promesses contenues dans le *motu proprio* du mois de septembre 1849. Quelques-unes des lois organiques ont déjà été publiées, et celles qui doivent compléter l'ensemble de l'organisation administrative et militaire dans les États de l'Église ne tarderont pas à l'être. Il n'est pas inutile de dire que notre armée, nécessaire encore au maintien de l'ordre à Rome, l'est aussi à notre influence politique, et, après s'y être illustrée par son courage, elle s'y fait admirer par sa discipline et sa modération.

Sur les points divers où notre diplomatie a eu à intervenir, elle a noblement maintenu la dignité de la France, et nos alliés n'ont jamais en vain réclamé notre appui.

C'est ainsi que, de concert avec l'Angleterre, nous avons envoyé des forces navales dans le Levant, afin de montrer notre loyale sympathie pour l'indépendance de la Porte, qui pensait que la Russie et l'Autriche voulaient y porter atteinte en demandant, en vertu d'anciens traités, l'extradition des sujets Hongrois et Polonais réfugiés sur le territoire turc. Grâce à la sagesse que ces puissances ont apportée dans les négociations, l'intégrité des droits de l'empire Ottoman a été sauvegardée.

En Grèce, dès que nous avons appris les voies de fait par lesquelles l'Angleterre appuyait ses réclamations, nous sommes intervenus par nos bons offices. La France ne pouvait rester indifférente au sort d'une nation à l'indépendance de laquelle elle avait tant contribué : elle n'hésita pas à offrir sa médiation. Malgré les difficultés élevées durant le cours des négociations, nous parvînmes à adoucir les conditions imposées au gouvernement d'Athènes, et nos relations avec la Grande-Bretagne reprirent de suite leur caractère accoutumé.

En Espagne, nous avons vu avec plaisir les liens qui unissent les deux pays se resserrer par la sympathie mutuelle des deux gouvernements. Aussi, dès que le gouvernement français apprit la criminelle attaque dirigée par des aventuriers contre l'île de Cuba, nous envoyâmes de nouvelles forces au commandant de la station des Antilles, avec injonction d'unir ses efforts à ceux des autorités espagnoles, pour prévenir le retour de semblables tentatives.

Le Danemark excite toujours notre plus vive sollicitude. Cet ancien allié, qui eut tant à souffrir de sa fidélité à la France, lors de nos désastres, n'a pas encore, malgré la bravoure de son armée, dompté l'insurrection qui a éclaté dans le duché de Holstein. L'armistice du 18 juillet 1849 avait été reconnu par l'intérim de Francfort, qui avait chargé la Prusse de traiter au nom de l'Allemagne. Après de laborieuses négociations, un traité fut signé le 2 juillet, sous la médiation de l'Angleterre, entre le Danemark et la Prusse. Ce traité, ratifié d'abord par le cabinet de Berlin et ses alliés, vient de l'être par l'Autriche et les puissances représentées à l'assemblée de Francfort. Pendant que ces négociations se poursuivaient en Allemagne, les puissances amies du Danemark ouvraient des conférences à Londres, à l'effet de sauvegarder l'intégrité des États du roi de Danemark telle qu'elle a été garantie par les traités. Si les démarches des puissances alliées n'ont point encore réussi à mettre un terme à la lutte engagée dans le nord de l'Allemagne, elles ont au moins obtenu l'heureux résultat d'amoindrir les proportions de la guerre, qui n'existe plus aujourd'hui qu'entre le roi de Danemark et des provinces insoumises.

Nous insisterons encore auprès du roi de Danemark, afin qu'il assure, par des institutions, les droits des duchés; d'un autre côté, nous lui donnerons tout l'appui qu'il est en droit d'exiger de nous en vertu des traités et de notre ancienne amitié.

Au milieu des complications politiques qui divisent l'Allemagne, nous avons observé la plus stricte neutralité. Tant que les intérêts français et l'équilibre de l'Europe ne seront pas compromis, nous continuerons une politique, qui témoigne de notre respect pour l'indépendance de nos voisins.

Aussitôt après le vote de l'Assemblée nationale sur le subside de Montevideo, le Gouvernement reprit à Buenos-Ayres les négociations pendantes. Il s'agissait de faire apporter aux traités conclus en 1849 les modifications jugées indispensables pour

garantir efficacement l'indépendance de la république Orientale, protéger les intérêts français sur
l'Uruguay et sauvegarder l'honneur national. Nous
espérons terminer utilement et honorablement les
complications regrettables qui, depuis si longtemps,
ont interrompu les bonnes relations entre la France
et les républiques de la Plata.

Nos relations commerciales et maritimes avec les
pays étrangers se consolident et se développent.

Le gouvernement anglais a étendu de fait, dès le
1er janvier 1850, au pavillon français, le bénéfice
des dispositions du nouvel acte de navigation du
26 juin 1849. Il vient, tout récemment, de supprimer les taxes différentielles pour l'exportation des
houilles.

Nous espérons que les négociations aujourd'hui
pendantes, pour le nouveau traité de navigation et
de commerce avec la Grande-Bretagne, aboutiront
prochainement à un arrangement conforme aux intérêts des deux pays.

Le traité conclu avec la Belgique, le 7 novembre
1849, est en vigueur depuis un an à peine, et
déjà les deux pays en ont recueilli les résultats les
plus avantageux.

Quelques difficultés de détail, relatives aux articles additionnels de la convention avec le Chili,
sanctionnée par la loi du 15 mars 1850, en retardent l'exécution; elles seront bientôt levées.

Une nouvelle convention a été signée à Paris, le
3 août dernier, entre la France et la Bolivie; elle

sera soumise à la sanction législative après l'approbation du gouvernement bolivien.

Les négociations activement suivies avec le cabinet de Turin, pour le renouvellement de la convention du 28 août 1843, viennent d'être terminées par un traité de commerce et de navigation.

L'abus, trop longtemps toléré, de la contrefaçon littéraire et artistique est le sujet de nombreuses négociations. La plupart des cabinets, auxquels ont été proposés des arrangements internationaux, pour mettre un terme à cet abus, les ont accueillis du moins en principe. Déjà même, la Sardaigne vient de signer avec la France, pour la garantie réciproque de la propriété littéraire et artistique, une convention qui donnera plus d'effet aux traités de 1843 et de 1846.

Je puis donc dire sans présomption : la position de la France, en Europe, est digne et honorable. Partout où sa voix se fait entendre, elle conseille la paix, protége l'ordre et le bon droit; partout, aussi, elle est écoutée.

RÉSUMÉ.

Tel est, Messieurs, l'exposé rapide de la situation de nos affaires. Malgré la difficulté des circonstances, la loi, l'autorité ont recouvré à tel point leur empire, que personne ne croit désormais au succès de la violence. Mais aussi, plus les craintes sur le présent disparaissent, plus les esprits se livrent avec entraînement aux préoccupations de l'avenir. Cependant, la France veut avant tout le repos. Encore émue des dangers que la société a courus, elle reste étrangère aux querelles de partis ou d'hommes, si mesquines en présence des grands intérêts qui sont en jeu.

J'ai souvent déclaré, lorsque l'occasion s'est offerte d'exprimer publiquement ma pensée, que je considérais comme de grands coupables ceux qui, par ambition personnelle, compromettaient le peu de stabilité que nous garantit la Constitution. C'est ma conviction profonde. Elle n'a jamais été ébranlée. Les ennemis seuls de la tranquillité publique ont pu dénaturer les plus simples démarches qui naissent de ma position.

Comme premier magistrat de la République, j'étais obligé de me mettre en relation avec le clergé, la magistrature, les agriculteurs, les industriels, l'administration, l'armée, et je me suis empressé de saisir toutes les occasions de leur témoigner ma sympathie et ma reconnaissance pour le concours qu'ils me prêtent; et surtout, si mon nom, comme mes efforts, a concouru à raffermir l'esprit de l'armée, de laquelle je dispose seul, d'après les termes de la Constitution, c'est un service, j'ose le dire, que je crois avoir rendu au pays, car j'ai toujours fait tourner au profit de l'ordre mon influence personnelle.

La règle invariable de ma vie politique sera, dans toutes les circonstances, de faire mon devoir, rien que mon devoir.

Il est aujourd'hui permis à tout le monde, excepté à moi, de vouloir hâter la révision de notre loi fondamentale. Si la Constitution renferme des vices et des dangers, vous êtes tous libres de les faire ressortir aux yeux du pays. Moi seul, lié par mon serment, je me renferme dans les strictes limites qu'elle a tracées.

Les conseils généraux ont en grand nombre émis le vœu de la révision de la Constitution. Ce vœu ne s'adresse qu'au pouvoir législatif. Quant à moi, élu du peuple, ne relevant que de lui, je me conformerai toujours à ses volontés légalement exprimées.

L'incertitude de l'avenir fait naître, je le sais, bien des appréhensions, en réveillant bien des espérances. Sachons tous faire à la patrie le sacrifice de ces espérances, et ne nous occupons que de ses intérêts. Si, dans cette session, vous votez la révision de la Constitution, une Constituante viendra refaire nos lois fondamentales et régler le sort du pouvoir exécutif. Si vous ne la votez pas, le peuple, en 1852, manifestera solennellement l'expression de sa volonté nouvelle. Mais, quelles que puissent être les solutions de l'avenir, entendons-nous, afin que ce ne soit jamais la passion, la surprise ou la violence qui décident du sort d'une grande nation. Inspirons au peuple l'amour du repos, en mettant du calme dans nos délibérations; inspirons-lui la religion du droit, en ne nous en écartant jamais nous-mêmes; et alors, croyez-le bien, le progrès des mœurs politiques compensera le danger d'institutions créées dans des jours de défiances et d'incertitudes.

Ce qui me préoccupe surtout, soyez-en persuadés, ce n'est pas de savoir qui gouvernera la France en 1852; c'est d'employer le temps dont je dispose, de manière que la transition, quelle qu'elle soit, se fasse sans agitation et sans trouble.

Le but le plus noble et le plus digne d'une âme élevée n'est point de rechercher, quand on est au pouvoir, par quels expédients on s'y perpétuera, mais de veiller sans cesse aux moyens de consolider, à l'avantage de tous, les principes d'autorité et de morale, qui défient les passions des hommes et l'instabilité des lois.

Je vous ai loyalement ouvert mon cœur; vous répondrez à ma franchise par votre confiance, à mes bonnes intentions par votre concours, et Dieu fera le reste.

Recevez, messieurs, l'assurance de ma haute estime.

LOUIS-NAPOLÉON BONAPARTE.

Élysée-National, le 12 novembre 1850.

Le 10 décembre, un banquet magnifique, offert au Président, réunit à l'hôtel de ville l'élite du Parlement, de la magistrature, de l'administration, de la science et de l'armée.

Le Président repond ainsi au discours que lui adresse M. Berger, préfet de la Seine :

« Messieurs,

» Fêter l'anniversaire de mon élection à l'hôtel de ville, dans ce palais du peuple de Paris, c'est me rappeler l'origine de mon pouvoir et les devoirs que cette origine m'impose. Me dire que la France a vu, depuis deux ans, sa prospérité s'accroître, c'est m'adresser l'éloge qui me touche le plus. Aujourd'hui, je le reconnais avec bonheur, le calme est revenu dans les esprits; les dangers qui existaient, il y a deux années, ont disparu; et, malgré l'incertitude des choses, on compte sur l'avenir, parce qu'on sait que, si des modifications doivent avoir lieu, elles s'accompliront sans trouble.

» A quoi devons-nous d'avoir substitué l'ordre au désordre, l'espérance au découragement? Ce n'est pas parce que, fils et neveu de soldat, j'ai moi-même remplacé un autre soldat; mais parce qu'au 10 décembre, pour la première fois depuis Février, le pouvoir a surgi de l'exercice d'un droit légitime et non d'un fait révolutionnaire.

» J'aime à profiter de ces anniversaires, qui sont des jalons à l'aide desquels se mesure la marche des événements, pour constater les causes qui fortifient ou affaiblissent les gouvernements. Les grandes vérités sanctionnées par l'histoire des peuples sont toujours utiles à proclamer. Les gouvernements qui, après de longs troubles civils, sont parvenus à réta-

blir le pouvoir et la liberté, et à prévenir des bouleversements nouveaux, ont, tout en domptant l'esprit révolutionnaire, puisé leur force dans le droit
né de la révolution même. Ceux-là, au contraire, ont
été impuissants, qui sont allés chercher ce droit
dans la contre-révolution. Si quelque bien s'est fait,
depuis deux ans, il faut donc en savoir gré surtout
à ce principe d'élection populaire, qui a fait sortir
du conflit des ambitions un droit réel et incontestable.

» Disons-le donc hautement, ce sont les grands
principes, les nobles passions, telles que la loyauté
et le désintéressement, qui sauvent les sociétés, et
non les spéculations de la force et du hasard. Grâce
à l'application de cette politique, nous goûtons
quelque repos, et aussi pouvons-nous, cette année,
mieux que par le passé, réaliser des progrès.

» Le conseil municipal de Paris a raison de compter sur le Gouvernement pour tout ce qui pourra
rendre plus prospère la situation de Paris, car Paris
est le cœur de la France, et toutes les améliorations
utiles qu'on y adopte contribuent puissamment au
bien-être général...

» Acceptez donc, Messieurs, avec mes remercîments, un toast à la ville de Paris. Mettons tous nos
efforts à embellir cette grande cité, à améliorer le
sort de ses habitants, à les éclairer sur leurs véritables intérêts. Ouvrons des rues nouvelles, assainis-
sons les quartiers populeux qui manquent d'air et
de jour, et que la lumière bienfaisante du soleil pé-

nètre partout dans nos murs, comme la lumière de
la vérité dans nos cœurs.

» A la ville de Paris ! »

———

Le 18 décembre, le Président de la République
assiste à un banquet que lui offre, à l'occasion de
l'anniversaire de son élection, le président de l'Assemblée législative. Au dessert, M. Dupin se lève
et porte un toast au Président.

Le Président de la République répond :

« Monsieur le Président,

» Je vous rends grâce de m'avoir, une seconde
fois, procuré le plaisir de fêter l'anniversaire de
mon élection au milieu des représentants de la
France et des membres du corps diplomatique. C'est
encore une occasion solennelle de nous féliciter
ensemble du repos dont jouit le pays.

» Mais ce repos a aussi son danger. Les périls
réunissent, la sécurité divise. Le bien ne peut-il
donc se produire sans porter en soi un germe de
dissolution ? Rien ne serait plus digne des pouvoirs
publics que de donner l'exemple du contraire.
Puisse donc notre union continuer dans le calme,
comme elle s'était formée pendant la tempête !

*« A la concorde des pouvoirs publics ! A l'Assemblée
nationale ! A son honorable président ! »*

ANNÉE 1851.

DISCOURS ET PROCLAMATIONS.

ANNÉE 1851.

24 janvier 1851. — A la suite de la séance de l'Assemblée nationale législative du 19 janvier, dans laquelle avait été adopté l'ordre du jour proposé par M. Sainte-Beuve, impliquant un blâme de la politique du Président, le ministère tout entier, composé de MM. Baroche, Rouher, Fould, général de la Hitte, général de Schramm, de Parieu, Dumas, l'amiral Romain-Desfossés et Bineau, donna sa démission, qui fut acceptée. Le Président ayant formé un ministère composé de MM. Brénier, Vaïsse, de Germiny, de Royer, général Randon, contre-amiral Vaillant, Giraud, Magne et Schneider, fit précéder l'insertion de leurs noms au *Moniteur* du message suivant, adressé à l'Assemblée nationale législative :

« Monsieur le président,

» L'opinion publique, confiante dans la sagesse de l'Assemblée et du Gouvernement, ne s'est pas émue des derniers incidents. Néanmoins la France commence à souffrir d'un désaccord qu'elle déplore.

Mon devoir est de faire ce qui dépendra de moi pour en prévenir les résultats fâcheux.

» L'union des deux pouvoirs est indispensable au repos du pays; mais, comme la Constitution les a rendus indépendants, la seule condition de cette union est une confiance réciproque.

» Pénétré de ce sentiment, je respecterai toujours les droits de l'Assemblée, en maintenant intactes les prérogatives du pouvoir que je tiens du peuple.

» Pour ne point prolonger une dissidence pénible, j'ai accepté, après le vote récent de l'Assemblée, la démission d'un ministère, qui avait donné au pays et à la cause de l'ordre des gages éclatants de son dévouement. Voulant toutefois reformer un cabinet avec des chances de durée, je ne pouvais prendre ses éléments dans une majorité née de circonstances exceptionnelles, et je me suis vu à regret dans l'impossibilité de trouver une combinaison parmi les membres de la minorité, malgré son importance.

» Dans cette conjoncture, et après de vaines tentatives, je me suis résolu à former un ministère de transition, composé d'hommes spéciaux, n'appartenant à aucune fraction de l'Assemblée, et décidés à se livrer aux affaires sans préoccupation de parti. Les hommes honorables, qui acceptent cette tâche patriotique, auront des droits à la reconnaissance du pays.

» L'administration continuera donc comme par le passé. Les préventions se dissiperont au souvenir des déclarations solennelles du message du 12 novembre. La majorité réelle se reconstituera; l'har—

monie sera rétablie sans que les deux pouvoirs aient rien sacrifié de la dignité qui fait leur force.

» La France veut, avant tout, le repos, et elle attend de ceux qu'elle a investis de sa confiance une conciliation sans faiblesse, une fermeté calme, l'impassibilité dans le droit.

» Agréez, monsieur le président, l'assurance de mes sentiments de haute estime.

» Louis-Napoléon Bonaparte. »

1er *juin* 1851. — Le Président se rend à Dijon pour inaugurer la section du chemin de fer de Lyon entre Tonnerre et Dijon. Au banquet offert par la ville, il prononce le discours suivant en réponse au toast porté par le maire :

« Je voudrais que ceux qui doutent de l'avenir m'eussent accompagné à travers les populations de l'Yonne et de la Côte-d'Or; ils se seraient rassurés en jugeant par eux-mêmes de la véritable disposition des esprits. Ils eussent vu que ni les intrigues, ni les attaques, ni les discussions passionnées des partis ne sont en harmonie avec les sentiments et l'état du pays. La France ne veut ni le retour à l'ancien régime, quelle que soit la forme qui le déguise, ni l'essai d'utopies funestes et impraticables. C'est parce que je suis l'adversaire le plus naturel de l'un et de l'autre, qu'elle a placé sa confiance en moi. S'il n'en était pas ainsi, comment expliquer cette touchante sympathie du peuple à mon égard, qui résiste à la polémique la plus dissolvante et m'absout de ses souffrances?

» En effet, si mon gouvernement n'a pas pu réaliser toutes les améliorations qu'il avait en vue, il faut s'en prendre aux manœuvres des factions qui paralysent la bonne volonté des assemblées comme celle des gouvernements les plus dévoués au bien public. C'est parce que vous l'avez compris ainsi, que j'ai trouvé dans la patriotique Bourgogne un accueil qui est pour moi une approbation et un encouragement.

» Je profite de ce banquet comme d'une tribune pour ouvrir à mes concitoyens le fond de mon cœur.

» Une nouvelle phase de notre ère politique commence. D'un bout de la France à l'autre des pétitions se signent pour demander la révision de la Constitution. J'attends avec confiance les manifestations du pays et les décisions de l'Assemblée, qui ne seront inspirées que par la seule pensée du bien public.

» Depuis que je suis au pouvoir, j'ai prouvé combien, en présence des grands intérêts de la société, je faisais abstraction de ce qui me touche. Les attaques les plus injustes et les plus violentes n'ont pu me faire sortir de mon calme. Quels que soient les devoirs que le pays m'impose, il me trouvera décidé à suivre sa volonté; et, croyez-le bien, Messieurs, la France ne périra pas dans mes mains. »

1er *juillet* 1851. — Le Président, s'étant rendu à Poitiers pour inaugurer la section de chemin de fer comprise entre Tours et Poitiers, a prononcé le discours qui suit, au banquet offert par la ville :

« Monsieur le Maire,

» Soyez mon interprète auprès de vos concitoyens pour les remercier de leur accueil si empressé et si cordial.

» Comme vous, j'envisage l'avenir du pays sans crainte, car son salut viendra toujours de la volonté du peuple, librement exprimée, religieusement acceptée. (Explosions de bravos.) Aussi j'appelle de tous mes vœux le moment solennel où la voix puissante de la nation dominera toutes les oppositions et mettra d'accord toutes les rivalités (applaudissements réitérés); car il est bien triste de voir les révolutions ébranler la société, amonceler les ruines, et cependant laisser toujours debout les mêmes passions, les mêmes exigences, les mêmes éléments de trouble. (Nouvelle salve d'applaudissements.)

» Quand on parcourt la France et que l'on voit la richesse variée de son sol, les produits merveilleux de son industrie; lorsqu'on admire ses fleuves, ses routes, ses canaux, ses chemins de fer, ses ports que baignent deux mers, on se demande à quel degré de prospérité elle n'atteindrait pas, si une tranquillité durable permettait à ses habitants de concourir de tous leurs moyens à ce bien général, au lieu de se livrer à des discussions intestines. (Applaudissements.)

» Lorsque, sous un autre point de vue, on réfléchit à cette unité territoriale que nous ont léguée les efforts persévérants de la royauté, à cette unité politique, judiciaire, administrative et commerciale que nous a léguée la révolution; quand on contemple cette population intelligente et laborieuse animée presque tout entière de la même croyance et parlant le même langage, ce clergé vénérable qui enseigne la morale et la vertu, cette magistrature intègre qui fait respecter la justice, cette armée vaillante et disciplinée qui ne connaît que l'honneur et le devoir (bravos enthousiastes); enfin quand on vient à apprécier cette foule d'hommes éminents, capables de guider le Gouvernement, d'illustrer les assemblées aussi bien que les sciences et les arts, on recherche avec anxiété quelles sont les causes qui empêchent cette nation, déjà si grande, d'être plus grande encore, et l'on s'étonne qu'une société qui renferme tant d'éléments de puissance et de prospérité s'expose si souvent à s'abîmer sur elle-même. (Applaudissements. — Cris de : *Vive le Président! vive Louis-Napoléon!*)

» Serait-il donc vrai, comme l'Empereur l'a dit, que le vieux monde soit à bout, et que le nouveau ne soit point assis? Sans savoir quel il sera, faisons notre devoir aujourd'hui en lui préparant des fondations solides. (Très-bien! très-bien!)

» J'aime à vous adresser ces paroles, dans une province renommée à toutes les époques par son patriotisme. N'oublions pas que votre ville a été, sous Charles VII, le foyer d'une résistance héroïque, qu'elle a été pendant quatorze ans le refuge de la nationalité dans la France envahie. (Applaudissements.) Espérons qu'elle sera encore une des premières à donner l'exemple du dévouement à la civilisation et à la patrie.

» Je porte un toast à la ville de Poitiers! »

2 *juillet* 1851. — A son retour de Poitiers, le Président s'arrête à Châtellerault et répond à l'allocution du maire de la ville :

« Messieurs,

» En remerciant M. le maire des paroles affectueuses qu'il m'adresse, je ne puis attribuer à moi seul les heureux résultats qu'il a bien voulu signaler. Depuis trois ans, ma conduite peut se résumer en quelques mots. Je me suis mis résolûment à la tête des hommes d'ordre de tous les partis, et j'ai trouvé en eux un concours efficace et désintéressé. S'il y a eu quelques défections, je l'ignore; car je marche en avant, sans regarder derrière moi. Pour marcher dans des temps comme les nôtres, il faut en effet avoir un mobile et un but. Mon mobile, c'est l'amour du pays; mon but, c'est de faire que la religion et la raison l'emportent sur les utopies, c'est que la bonne cause ne tremble plus devant l'erreur.

» Ce résultat sera obtenu, si nous suivons dans toute la France l'exemple de Châtellerault, et si nous forgeons des armes non pour l'émeute et pour la guerre civile, mais pour accroître la force, la grandeur et l'indépendance de la nation.

» A la ville de Châtellerault! »

,6 *juillet* 1851. — A Beauvais, après l'inauguration de la statue de Jeanne Hachette, le Président a prononcé le discours qui suit en réponse à celui du maire :

« Messieurs,

» L'honorable maire de Beauvais me pardonnera de me borner à un simple remercîment pour les paroles flatteuses qu'il vient de m'adresser. En y répondant, je craindrais d'altérer le caractère religieux de cette fête, qui, par la commémoration d'un fait glorieux accompli dans cette ville, offre un haut enseignement historique.

» Il est encourageant de penser que, dans les dangers extrêmes, la Providence réserve souvent à un seul d'être l'instrument du salut de tous : et, dans certaines circonstances, elle l'a même choisi au milieu du sexe le plus faible, comme si elle voulait, par la fragilité de l'enveloppe, prouver mieux encore l'empire de l'âme sur les choses humaines, et faire voir qu'une cause ne périt pas lorsqu'elle a pour la conduire une foi ardente, un dévouement inspiré, une conviction profonde.

» Ainsi, au quinzième siècle, à peu d'années d'intervalle, deux femmes obscures, mais animées du feu sacré, Jeanne d'Arc et Jeanne Hachette, apparaissent au moment le plus désespéré pour remplir une sainte mission.

» L'une a la gloire miraculeuse de délivrer la France du joug étranger ;

» L'autre inflige la honte d'une retraite à un prince qui, malgré l'éclat et l'étendue de sa puissance, n'était qu'un rebelle, artisan de guerre civile.

» Et cependant, à quoi se réduit leur action ? Elles ne firent autre chose que de montrer aux Français le chemin de l'honneur et du devoir, et d'y marcher à leur tête.

» De semblables exemples doivent être honorés, perpétués. Aussi suis-je heureux de penser que ce soit l'empereur Napoléon qui, en 1806, ait rétabli l'antique usage, longtemps interrompu, de célébrer la levée du siége de Beauvais.

» C'est que, pour lui, la France n'était pas un pays factice, né d'hier, renfermé dans les limites étroites d'une seule époque ou d'un seul parti : c'était la nation grande par huit cents ans de monarchie, non moins grande après dix années de révolutions ; travaillant à la fusion de tous les intérêts anciens et nouveaux, et adoptant toutes les gloires, sans acception de temps ou de cause.

» Nous avons tous hérité de ces sentiments, car je vois ici des représentants de tous les partis ; ils viennent avec moi rendre hommage à la vertu guerrière d'une époque, à l'héroïsme d'une femme.

» Portons un toast à la mémoire de Jeanne Hachette. »

11 *septembre* 1851. — A l'occasion de la cérémonie de la pose de la première pierre des Halles, le Président, répondant au préfet de la Seine qui l'avait harangué au nom du corps municipal, s'exprime en ces termes :

« Messieurs,

» Voici quarante ans que l'on songe à élever un vaste monument destiné à préserver de l'intempérie des saisons cette classe nombreuse qui souffre journellement pour alimenter Paris de ce qui est nécessaire à son existence. Mais, grâce à la direction éclairée du ministre de l'intérieur, grâce au concours énergique du conseil municipal de Paris et de son digne chef, grâce aux décisions de l'Assemblée nationale, cette œuvre que j'ai tant souhaitée s'accomplit enfin.

» La construction de ces halles, véritable bienfait pour l'humanité, facilite l'approvisionnement de Paris, et appelle un plus grand nombre de départements à y concourir. Ce n'est donc pas une œuvre purement municipale, car Paris est le cœur de la France, et plus sa vie est active et puissante, plus elle se communique au reste du pays.

» En posant la première pierre d'un édifice dont la destination est si éminemment populaire, je me livre avec confiance à l'espoir qu'avec l'appui des bons citoyens et avec la protection du ciel, il nous sera donné de jeter dans le sol de la France quelques fondations sur lesquelles s'élèvera un édifice social assez solide pour offrir un abri contre la violence et la mobilité des passions humaines. »

4 novembre 1851. — Message du Président de la République à l'Assemblée nationale législative.

Messieurs les représentants,

Je viens, comme chaque année, vous présenter le compte sommaire des faits importants qui se sont accomplis depuis le dernier message. Toutefois je crois devoir passer sous silence les événements qui, malgré moi, ont pu produire certains dissentiments toujours regrettables.

La paix publique, sauf quelques agitations partielles, n'a pas été troublée ; et même, à plusieurs époques où les difficultés politiques étaient de nature à affaiblir le sentiment de la sécurité et à exciter les alarmes, le pays, par son attitude paisible, a montré dans le Gouvernement une confiance dont le témoignage m'est précieux.

Il serait néanmoins imprudent de se faire illusion sur cette apparence de tranquillité. Une vaste conspiration démagogique s'organise en France et en Europe. Les sociétés secrètes cherchent à étendre leurs ramifications jusque dans les moindres communes ; tout ce que les partis renferment d'insensé, de violent, d'incorrigible, sans être d'accord sur les hommes ni sur les choses, s'est donné rendez-vous en 1852, non pour bâtir, mais pour renverser.

Votre patriotisme et votre courage, à l'égal desquels je m'efforcerai de marcher, épargneront, je n'en doute pas, à la France les périls dont elle est menacée; mais, pour les conjurer, envisageons-les sans crainte comme sans exagération, et tout en étant convaincus que, grâce à la force de l'administration, au zèle éclairé de la magistrature, au dévouement de l'armée, la France ne saurait périr, réunissons tous nos efforts afin d'enlever au génie du mal jusqu'à l'espoir d'une réussite momentanée.

Le meilleur moyen d'y parvenir m'a toujours paru l'application de ce système qui consiste, d'un côté, à satisfaire largement les intérêts légitimes; de l'autre, à étouffer, dès leur apparition, les moindres symptômes d'attaques contre la religion, la morale, la société.

Ainsi, procurer du travail en concédant à des compagnies nos grandes lignes de chemins de fer, et, avec l'argent que l'État retirera de ces concessions, donner une vive impulsion aux autres travaux dans tous les départements; encourager les institutions destinées au développement du crédit agricole ou commercial; venir, par des établissements de bienfaisance, au secours de toutes les misères, telle a été et telle doit être encore notre première sollicitude; et c'est en suivant cette marche qu'il sera plus facile de recourir à la répression lorsque le besoin s'en fera sentir.

INTÉRIEUR.

Dans la plus grande partie de la France, les mesures ordinaires ont suffi pour assurer l'ordre; mais l'état de siége, maintenu dans la 6e division militaire, a dû être étendu au département de l'Ardèche, ensanglanté par des collisions fréquentes, et, plus récemment encore, aux départements du Cher et de la Nièvre, effrayés d'un commencement de jacquerie.

A Lyon a été organisée une police forte et unique qui embrasse douze villes ou communes suburbaines que la loi a comprises sous la dénomination d'agglomération lyonnaise.

Les réfugiés politiques entrent dans des affiliations dangereuses; quelques-uns ont dû être expulsés, mais l'hospitalité a continué de s'étendre à un très-grand nombre.

Une somme de plus de 486,000 fr. a été répartie entre 2,080 réfugiés.

Les vices de l'organisation municipale ressortent de la nécessité où s'est trouvé le Gouvernement de révoquer, en un an, sur l'avis conforme du Conseil d'État, 401 fonctionnaires électifs, dont 278 maires et 123 adjoints.

La dissolution des conseils municipaux s'est élevée à 126; celle des gardes nationales à 130.

Quoique le maintien de la sécurité et l'application des mesures sévères soient dévolus principalement au ministère de l'intérieur et réclament avant tout son action, son zèle éclairé n'a rien épargné pour qu'elle s'étendît en même temps à tous les moyens de stimuler le travail, cette première condition du bien-être et de la tranquillité.

Ainsi l'administration municipale de Paris a adopté deux vastes projets qui, en même temps, offrent l'avantage de faciliter l'approvisionnement de la capitale et de l'embellir : je veux dire la construction des halles et le prolongement de la rue de Rivoli.

L'impulsion s'est bientôt communiquée de Paris aux départements, qui ont affecté des sommes considérables à des travaux utiles.

La science et les arts ont reçu de notables encouragements, et les sommes importantes votées pour la restauration de plusieurs monuments historiques ont reçu leur application.

Deux projets de loi demandent une solution prompte : l'un a pour objet de déterminer les indemnités dues aux citoyens qui ont éprouvé des dommages matériels lors des événements de février et de juin; l'autre est relatif à la réorganisation du travail dans les prisons.

Il est encore un projet de loi dont je vous avais parlé dans mon précédent message, et auquel j'attache la plus grande importance; c'est celui qui a pour but de venir au secours des vieux débris des armées de la République et de l'Empire. Des circonstances indépendantes de ma volonté en ont jusqu'ici empêché la présentation. J'espère que bientôt vous pourrez l'accueillir avec faveur; car, je vous prie de ne point l'oublier, il y a, sur tous les points du territoire, des hommes couverts de blessures qui se sont sacrifiés à la défense de la patrie et qui attendent avec anxiété qu'on leur vienne en aide. Pour eux le temps presse : l'âge et la misère les accablent.

FINANCES.

La situation est aussi favorable que le comportent les engagements du passé et les incertitudes politiques de l'avenir.

Le compte de 1849, qui vous a été soumis, fait connaître le solde définitif de cet exercice : le déficit qu'il laisse à la charge du trésor ne dépasse pas le chiffre indiqué par le message du 12 novembre dernier.

Le décret qui abrége de deux mois la durée des exercices a été appliqué aux recettes et aux dépenses de 1850, de sorte que, dès aujourd'hui, il est facile d'apprécier exactement le découvert. Il restera, nous sommes heureux de pouvoir l'annoncer, au-dessous des prévisions de la commission du budget et même de celles de l'administration.

Le budget de 1851 est en cours d'exécution, et les résultats définitifs qu'il présentera dépendront beaucoup du produit des revenus pendant les derniers mois. Jusqu'à ce jour, le recouvrement des impôts offre un résultat rassurant.

Les contributions directes continuent à être acquittées avec exactitude. Leur rentrée présente une amélioration réelle sur la situation de l'année dernière, qui était déjà favorable.

Les impôts indirects se ressentent du défaut de confiance dans l'avenir, sans néanmoins que jusqu'ici il se soit produit aucune diminution sur l'ensemble des recettes prévu au budget.

La perte qu'ont éprouvée quelques branches du revenu, notamment les droits d'enregistrement, est compensée par l'élévation du chiffre des taxes de consommation, ce qui constate le bien-être et l'activité des classes les plus nombreuses.

La diminution du produit des douanes ne révèle aucun symptôme fâcheux ; compensée, en ce qui concerne les sucres coloniaux, par l'accroissement des perceptions sur les sucres indigènes, elle s'explique pour d'autres objets par les effets de la loi du 11 janvier dernier, qui a réglé les rapports économiques de l'Algérie et de la France, et dont les bienfaits pour nos possessions d'Afrique s'augmenteront par l'institution récente d'un établissement de crédit. Rien dans ces résultats prévus qui ne soit conforme aux intérêts généraux du pays. Le progrès soutenu de nos exportations en tout genre est venu balancer pour nos industries le ralentissement du marché intérieur. Le chiffre élevé qu'elles ont atteint dans les dernières années, comparé au chiffre des importations (1), explique l'affluence des métaux précieux dans notre pays. Cet accroissement des exportations est d'autant mieux assuré dans l'avenir, qu'il repose sur la marche progressive de la civilisation.

En résumé, le budget de 1851 présentera des résultats à peu près conformes aux prévisions.

Les travaux publics extraordinaires, exécutés en 1850 et 1851, s'élèvent à la somme de 172 millions. Les découverts de ces deux années sont loin d'atteindre cette somme, et la dépense des travaux publics ne restera que pour une partie à la charge de l'avenir.

La paix et l'ordre ont surtout pour heureux effet d'améliorer la situation des classes laborieuses, et cette amélioration est attestée par les mouvements des fonds des caisses d'épargne. Les dépôts de cette

---

(1) *Mouvement des importations et des exportations pendant les années* 1848, 1849 *et* 1850.

(Valeurs actuelles.)

ANNÉES.	IMPORTATIONS.	EXPORTATIONS.	EXCÉDANT par année* des valeurs à l'exportation sur les valeurs à l'importation.
1848	474,259,753	689,994,719	215,734,966
1849	724,118,975	937,949,592	213,830,617
1850	790,666,634	1,068,122,198	277,455,564
Total pendant les trois années.	1,989,045,362	2,696,066,509	707,021,147

* D'après le résultat des neuf premiers mois de 1851, cet excédant sera, pour cette année, égal et même supérieur à celui de 1850.

nature ont augmenté pendant l'année 1850, et pendant les six premiers mois de 1851, avec une rapidité telle, qu'à aucune époque on ne pourrait signaler un semblable accroissement. Mais cet état de choses avait des dangers, et l'Assemblée, de concert avec le Gouvernement, a cherché à les prévenir en conciliant, par la loi du 30 juin dernier, les intérêts de ces institutions justement populaires et ceux de l'État,

Cette loi commence à recevoir son exécution, et les premiers faits constatés indiquent que ses avantages ont été compris par la masse si nombreuse et si intéressante des déposants.

Une autre loi a concédé les paquebots-postes de la Méditerranée à l'industrie particulière.

Il est désirable que des concessions semblables permettent d'étendre nos relations de commerce et de correspondance avec les pays transatlantiques. L'administration se préoccupe de ces questions et étudie les moyens de les résoudre.

Le ministre des finances, usant de l'autorisation qui lui avait été donnée, a négocié les rentes provenant de la liquidation des caisses d'épargne.

Si l'on tient compte des circonstances au milieu desquelles l'opération s'est accomplie, on ne saurait méconnaître que la négociation s'est faite à un taux très-avantageux.

Vous y trouverez la preuve que, lorsque les préoccupations politiques auront cessé de peser sur l'état de nos finances, il sera facile, si vous le jugez

nécessaire, d'avoir recours au crédit, à des conditions favorables au trésor.

TRAVAUX PUBLICS.

L'importance commerciale, politique et militaire
des chemins de fer devient de jour en jour plus évidente. Dans l'entraînement général, ne pas avancer
nous-mêmes, ce serait reculer. Le Gouvernement l'a
compris, et la réduction des crédits ne l'a pas empêché de poursuivre avec la plus grande activité
l'achèvement des travaux sur la ligne principale de
Paris à Strasbourg et sur l'embranchement de Metz
à la frontière prussienne.

Quatre sections, formant ensemble une étendue de
210 kilomètres, auront été inaugurées en 1851 ; et
dans le premier semestre de l'année prochaine, la
ligne entière de l'est pourra être livrée au public.

Plus de cent kilomètres ont été ajoutés à chacune
des lignes de Paris à Bordeaux et de Paris à Lyon.
Celle de Tours à Nantes est complète.

En résumé, la longueur totale des sections ouvertes à la circulation, en 1851, dépasse 500 kilomètres, et les travaux ont été assez avancés sur les
autres sections pour permettre d'ajouter à notre réseau 330 kilomètres en 1852 (1).

---

(1) Sections ouvertes en 1851 :

Sur la ligne de Strasbourg. . . .	210 kilom.
— Lyon.	118
— Bordeaux.	101
— Nantes.	87
Total. . .	516

Un chemin de ceinture est reconnu nécessaire pour relier les têtes de lignes des principaux chemins de fer qui partent de la capitale.

Vous avez fixé d'urgence au 10 novembre prochain la discussion des deux projets de loi relatifs au chemin de fer de Paris à la Méditerranée; l'opinion publique continue à vous le signaler comme un établissement de première nécessité.

Les crédits destinés à l'achèvement et à la rectification des routes nationales sont trop restreints pour permettre de doter de communications plus faciles les contrées qui, à raison du relief de leur sol, n'ont pas été comprises dans le réseau des chemins de fer ou des canaux. Dans le budget de 1852, je vous demande les moyens d'améliorer cette position en la mettant d'accord avec la justice distributive.

La navigation intérieure, cet auxiliaire indispensable de l'agriculture et du commerce, même avec les chemins de fer, n'a pas été négligée. De grands résultats sont déjà obtenus ou pourront l'être dans un avenir prochain, malgré l'insuffisance des allocations.

Le canal latéral à la Garonne, déjà livré à la navigation entre Toulouse et Agen, sur un développement de 127 kilom., sera dans quelques mois poussé jus-

---

Sections à ouvrir en 1852 :

Sur la ligne de Strasbourg. . . .	161 kilom.
— Bordeaux.	133
— l'Ouest.	36
Total. . .	330

qu'au Mas, à 42 kilom. au delà d'Agen, et mis en communication avec la Baïse canalisée. Encore quelques années et quelques efforts, et l'œuvre gigantesque de Louis XIV aura reçu, à la gloire de notre époque, son complément nécessaire.

La dernière section du canal de la Marne au Rhin pourra être livrée au commerce au commencement de 1853.

Sur la Seine, la lacune si regrettable que présente la navigation du fleuve dans la traversée même de la capitale va incessamment disparaître.

Entre Rouen et le Havre, la navigation maritime a recueilli des avantages inespérés de l'exécution des travaux d'endiguement. Un projet de loi soumis à votre examen a pour objet d'assurer le maintien de ces heureux résultats.

Par le même projet de loi, le Gouvernement vous propose d'entreprendre, aux embouchures du Rhône, un système d'ouvrages analogues à ceux qui ont obtenu sur la Seine un succès si complet.

Des études se poursuivent dans le même sens pour l'amélioration de la navigation maritime de la Loire et de la Garonne.

Parmi les travaux des bâtiments civils et des palais nationaux qui auront été terminés dans le cours de cette année, je mentionnerai les bassins de Versailles et de Saint-Cloud, la bibliothèque Sainte-Geneviève, l'hôtel du timbre et la restauration des salons du Louvre.

Un projet de loi relatif à l'achèvement du Louvre

est à l'étude et vous sera incessamment présenté.

Depuis longtemps le commerce réclamait la liberté des transports en matière de roulage ; nous avons donné à l'opinion publique cette légitime satisfaction.

Enfin, les décrets récents qui ont donné une nouvelle organisation au corps et à l'école des ponts et chaussées ont préparé l'application des lois relatives au mode de recrutement des ingénieurs.

AGRICULTURE ET COMMERCE.

Le Gouvernement a poursuivi la réalisation du vœu émis par le conseil général de l'agriculture, des manufactures et du commerce, pour l'institution des concours si utiles à l'amélioration de nos races d'animaux domestiques.

Pour faciliter ces encouragements, une demande d'allocation supplémentaire a été introduite au projet de budget de 1852.

L'administration a fait étudier par des hommes spéciaux différentes questions d'un haut intérêt pour l'agriculture, et publier des documents sur la culture du lin en Belgique et en Hollande.

Une enquête sur les institutions de crédit foncier et agricole facilitera, par de nouveaux documents, l'étude et la discussion du projet de loi de crédit foncier soumis en ce moment aux délibérations de l'Assemblée.

Les résultats de l'enquête sur les établissements de colonisation agricole de Hollande, de Suisse, de Belgique et de France ont été publiés.

Des instructions spéciales et détaillées ont été adressées aux préfets pour faciliter l'exécution de la loi du 20 mars 1851, qui a organisé la représentation légale de l'industrie agricole, et les conseils généraux ont été appelés à appliquer l'une de ses dispositions les plus importantes.

Des orages et des ouragans, sur plusieurs points de la France, ont ruiné de nombreuses familles. Pour leur venir en aide, le Gouvernement, s'associant aux efforts de la charité privée, a élevé, par un décret du 27 août dernier, à 7 1/2 p. 0/0 le taux du secours à accorder en cas de pareils sinistres.

Un concours d'événements et de circonstances, présents à la mémoire de tous, avaient avili le prix des denrées; mais les changements apportés par quelques États de l'Europe, surtout par l'Angleterre, dans leur législation sur les grains, sont venus ouvrir à notre agriculture de nouveaux et larges débouchés. Depuis 1849, nos expéditions ont pris un développement inconnu jusqu'alors.

La publication de l'*Atlas statistique de la production des chevaux en France* se poursuit avec activité, et démontrera, très-prochainement, que nos richesses chevalines ne le cèdent en rien à celles des autres nations d'Europe.

Un décret du 3 septembre 1851 a organisé les chambres de commerce, et en les reconnaissant comme établissements d'utilité publique, satisfait à un de leurs vœux fréquemment exprimés.

Quelques faits très-regrettables avaient inspiré des

inquiétudes sur l'organisation des sociétés et agences tontinières. Une commission procède à la révision des statuts en vue d'y introduire toutes les améliorations et toutes les garanties que comporte la nature de ces établissements.

Il a été publié un règlement d'administration publique sur les *sociétés de secours mutuels*, en exécution de la loi du 15 juillet 1850. Il leur laisse la plus entière liberté sous la seule réserve des garanties indispensables. Le compte rendu prescrit par la même loi fera connaître la part pour laquelle ces sociétés contribuent à l'amélioration du sort de la classe laborieuse.

La loi du 4 mai 1851 a déterminé les bases du contrat d'apprentissage dans l'intérêt des familles ouvrières et dans celui de l'industrie. Elle aura pour effet d'assurer à l'apprenti de légitimes garanties d'instruction et de moralité, sans porter atteinte à la liberté du travail et aux droits de la famille.

Un décret du 17 mai dernier a déterminé les exceptions à la règle établie par la loi du 9 septembre 1848, qui a limité à douze heures la durée du travail effectif dans les manufactures et usines. Le Gouvernement croit avoir justifié la confiance du législateur.

Les avances faites par certains patrons à leurs ouvriers plaçaient souvent ces derniers dans l'impossibilité de les rembourser, et les engageaient pour un temps illimité. La loi du 21 mai dernier, en réduisant à 30 fr. le chiffre des avances privilégiées, a concilié la liberté du travail avec le respect dû aux conventions.

Le projet de loi des marques de fabrique, d'un si haut intérêt pour l'industrie et le commerce, a déjà subi l'examen du conseil d'État, et sera soumis prochainement à l'Assemblée.

Le décret du 24 décembre 1850 a posé les bases d'une nouvelle organisation du service sanitaire sur le littoral; cette organisation, plus simple et plus en harmonie avec l'ensemble de notre système administratif, a été réalisée dans le cours de la présente année.

Sur notre appel, des délégués des puissances étrangères, choisis dans le corps consulaire et dans le corps médical, préparent maintenant à Paris les bases d'un règlement uniforme pour tous les pays situés sur les bords de la Méditerranée.

Les chiffres de nos exportations témoignent de l'activité imprimée au travail de nos fabriques, et les résultats obtenus depuis le dernier message démontrent à quel point l'industrie française, au milieu des circonstances difficiles et d'une concurrence incessante, sait triompher des obstacles et agrandir ses débouchés.

La supériorité de certaines branches d'industrie s'est confirmée ou révélée à l'exposition de Londres, comme le prouvent les nombreuses récompenses accordées à nos exposants. En effet, la France, relativement, en a plus obtenu à elle seule que les autres pays, y compris l'Angleterre. Le tableau de la distribution générale le démontre (1).

Ce ne sont pas seulement nos produits d'art, de goût et de luxe qui nous ont valu de tels succès : nos machines, nos instruments de précision, nos produits chimiques, nos cuirs ouvrés, notre quincaillerie, de même que la préparation de nos matières premières ou nos procédés de fabrication et de teinture ont été l'objet des plus honorables distinctions.

L'exposition universelle aura ajouté une page des plus glorieuses aux annales de l'industrie française.

L'Assemblée nationale, pour maintenir la législation en harmonie avec ce progrès signalé, a, depuis le 12 novembre 1850, voté trois lois importantes en faveur du commerce, de l'industrie et de la marine :

La loi du 11 janvier 1851, qui a réglé le régime commercial de l'Algérie;

La loi du 13 juin 1851, qui remanie le tarif des sucres : les produits coloniaux ont trouvé sur notre marché un écoulement des plus avantageux sans compromettre la prospérité de l'industrie indigène;

La loi du 22 juillet dernier, pour encourager l'in-

---

(1)   A la France.   1,050
       À l'Angleterre.   2,365   } 5,186.
       Aux autres pays.   1,771

Or, proportionnellement au nombre respectif des exposants, la France se trouve avoir obtenu 60 récompenses sur 100 exposants;

L'Angleterre, 29;

Les autres pays, 18.

dustrie des grandes pêches maritimes ; et déjà, de nos ports principaux, a eu lieu le départ des navires du plus fort tonnage.

En même temps ont été introduites dans les règlements commerciaux des améliorations notables.

Le message du 12 novembre 1850 annonçait une enquête sur l'état de notre marine marchande. Elle a eu lieu ; les documents sont sous les yeux d'hommes éclairés et compétents ; leur travail amènera d'utiles réformes, et dès à présent, si l'Assemblée adopte la proposition inscrite au projet de budget de 1852, le cabotage pourra être exonéré d'une partie des charges qui pèsent sur lui.

JUSTICE.

Le dernier message constatait que l'Assemblée était saisie de trois projets de lois essentiels.

Le premier, sur l'organisation judiciaire, est encore à l'état de rapport.

Le second, sur les hypothèques, sera prochainement soumis à une troisième lecture, et les populations jouiront bientôt des avantages de la loi nouvelle.

Le troisième, sur l'assistance judiciaire. La loi a été votée le 23 janvier dernier.

L'administration n'a rien négligé pour en assurer la prompte exécution.

Partout les bureaux d'assistance sont dès à présent en fonctions ; et le pauvre peut, à l'égal du riche, faire valoir ses droits devant les tribunaux.

La loi sur le mariage des indigents reçoit aussi une heureuse application.

Le dernier message parlait également de projets de loi relatifs à la réhabilitation des condamnés et à la répression des crimes et délits commis par des Français en pays étranger. Ils ont été soumis au conseil d'État, qui s'occupe en même temps d'une proposition émanée de l'initiative parlementaire, au sujet de la déportation. De grandes difficultés s'étaient élevées sur la désignation du lieu ; elles semblent aplanies, et cette loi, que réclament le repos de la société et l'amendement des condamnés, pourra devenir bientôt l'objet du double examen du conseil d'État et de l'Assemblée.

L'administration de la justice a été partout prompte et éclairée.

INSTRUCTION PUBLIQUE ET CULTES.

La loi du 15 mars 1850 a eu, quant à l'instruction primaire, les meilleurs résultats. L'administration rectorale, plus rapprochée des établissements et aidée du concours des délégués cantonaux, a exercé une surveillance plus active.

La facilité accordée aux communes de substituer, dans certains cas, des écoles libres à des écoles publiques, n'a pas diminué le nombre de ces dernières.

Le nombre des écoles communales augmente : il était de 34,446 au moment de la promulgation de la loi ; il est maintenant de 34,939.

L'instruction des filles, si importante au point de

vue des principes religieux et du bon ordre dans les familles, s'est répandue de plus en plus : on comptait 10,171 écoles communales de filles en 1850; on en compte 10,542 en 1851.

La nouvelle loi n'a point été favorable au développement de l'enseignement libre des garçons : il y avait 4,950 écoles libres de garçons en 1850; il n'y en a plus que 4,622.

Il en est autrement des écoles libres de filles : en 1850, elles étaient au nombre de 11,088; en 1851, elles sont de 11,378.

En résumé, il y a sur l'ensemble des écoles primaires une augmentation de 806.

L'organisation de l'instruction publique, d'après les bases de la loi nouvelle, est, depuis un an, pleinement accomplie. Les conseils académiques ont montré dans l'exercice de leurs pouvoirs autant de fermeté que de modération. Le conseil supérieur, placé au sommet de la hiérarchie, maintient une puissante unité, et, j'ai le droit de le dire, la liberté d'enseignement, développée d'une manière remarquable, est sans danger, parce qu'elle sera contenue dans de justes limites.

Dans la transition de l'ancien régime universitaire à un régime de liberté, beaucoup de positions honorablement et péniblement acquises se trouvent menacées. Cependant, de modestes fonctionnaires, enlevés à leur carrière par des événements de force majeure, ne doivent pas perdre le prix de leurs services passés. Une proposition vous sera soumise à cet effet, et vous vous associerez, je n'en doute pas, à cette œuvre de juste réparation.

La création de trois évêchés aux Antilles et dans l'île de la Réunion est maintenant un fait accompli. Les évêques ont pris possession de leurs siéges, et déjà, à la Martinique, à la Réunion, à la Guadeloupe, leur influence salutaire permet d'apprécier le bienfait qui résulterait de l'action d'un clergé plus nombreux. Aussi, quelques dépenses seront-elles indispensables pour la fondation de *séminaires-colléges*, déjà autorisés en principe par le décret organique des évêchés coloniaux. Vous reconnaîtrez, je le pense, l'utilité d'achever sans trop de retard l'œuvre si heureusement commencée.

L'Assemblée nationale, en accueillant la demande du ministre des cultes en faveur des édifices diocésains, n'a pas seulement donné une preuve de son intérêt pour la conservation de nos grands monuments, elle a voulu témoigner aussi de sa sollicitude pour les besoins de la religion. Persister dans ces généreuses dispositions, ce sera en outre favoriser l'ouverture de vastes ateliers de construction dans un grand nombre de départements où la situation de la classe ouvrière menace de devenir très-pénible.

Les cultes non catholiques ont eu aussi leur juste part de la sollicitude du Gouvernement.

GUERRE.

L'effectif général de terre n'était, au 1er octobre dernier, que de 387,519 hommes et 84,306 chevaux. Si les circonstances n'y mettent aucun obstacle, cet effectif rentrera dans les limites budgétaires de 1852, qui le réduisent à 377,130 hommes et 83,435 chevaux.

Aucun nouveau supplément de crédit ne sera nécessaire pour 1851.

Les crédits accordés par le budget de 1851 ont permis d'organiser cette année 231 nouvelles brigades de gendarmerie. La création de 230 autres aura lieu en 1852, et l'accroissement de dépense qui en résultera se trouvera plus que compensé par les réductions opérées sur l'effectif des autres armes.

Divers projets de loi concernant l'organisation des cadres, le recrutement et les pensions à accorder aux sous-officiers et soldats, ont été, depuis longtemps, soumis à l'Assemblée législative. L'armée en attend l'adoption avec une juste impatience. Nous espérons qu'ils ne tarderont pas à être discutés et votés par l'Assemblée.

Vous connaissez l'importance des opérations militaires du printemps dernier dans la partie orientale de la Kabylie et les succès qui, en quatre-vingts jours de marche, ont couronné la brillante valeur de nos troupes, sous le commandement d'un général que ma confiance a appelé au ministère de la guerre. Les tribus du cercle de Djidjelli soumises, la vallée de l'Oued-Sahel pacifiée, le commerce des huiles alimenté par les Kabyles considérablement accru, tels sont les résultats heureux de cette campagne.

Sur 1,145 tribus dont l'existence a été constatée

en Algérie, 1,100 ont reconnu la souveraineté de la France, et celles qui s'y dérobent encore sont les plus pauvres et les plus éloignées.

L'armée, après avoir vaincu les Arabes, s'est appliquée à les civiliser en modifiant leurs habitudes sociales. Ainsi, sous l'inspiration de nos officiers, on a vu apparaître à la fois tout ce qui révèle le progrès le mieux constaté : édifices, maisons nombreuses, plantations considérables, cultures nouvelles, barrages et ponts sur les rivières, caravansérails sur les voies de communication ; l'instruction publique organisée, l'art de guérir introduit chez ces populations décimées par les maladies.

Si le fanatisme des passions n'est pas désarmé encore, déjà néanmoins se forme parmi les Arabes un parti sage pour apprécier leurs véritables intérêts et pour seconder nos efforts.

Le vote récent de plusieurs lois importantes, spéciales à l'Algérie, a contribué puissamment à l'œuvre de la colonisation.

La loi du 16 juin 1851 sur la constitution de la propriété, celle du 11 janvier qui règle le régime commercial, celle du 4 août qui fonde une banque d'escompte, de circulation et de dépôts, enfin le décret du 26 avril, en introduisant des améliorations réclamées par l'expérience, ont facilité des concessions de terre.

En résumé, quoique la situation générale de l'Algérie soit loin d'être alarmante, elle s'est toutefois compliquée sur certains points, tels que la vallée de

Sebaou, à cause des tentatives d'insurrection de Bou-Baghla, la province d'Alger, à cause de l'agitation religieuse, la frontière du Maroc, à cause de la fermentation des tribus sauvages et guerrières qui l'occupent.

MARINE.

Renfermée dans les limites d'un budget assez restreint, notre marine n'en a pas moins su protéger nos nationaux sur tous les points du globe.

Plusieurs décrets importants et que rendent nécessaires soit les progrès réalisés depuis vingt-cinq ans dans toutes les parties du service naval, soit des difficultés d'application, soit le besoin de certaines économies, ont réglé successivement :

Le service à bord des bâtiments de la flotte;

La solde des officiers et employés de la marine dans les différentes positions qu'ils peuvent occuper;

Les emménagements des bâtiments de la flotte d'après une règle invariable dans les installations.

D'autres dispositions intérieures ont simplifié les éléments de la comptabilité maritime, et pourvu, mieux encore que par le passé, à la conservation du précieux matériel renfermé dans nos arsenaux. Des travaux considérables se poursuivent avec activité.

La construction des fosses d'immersion dans les ports de Cherbourg, Rochefort et Toulon, pour laquelle l'Assemblée nationale a accordé un crédit spécial de 938,000 fr., s'exécute avec soin; l'année prochaine pourra voir terminer cet utile travail, depuis longtemps réclamé, et qui mettra un terme aux pertes que nous faisons chaque année sur nos approvisionnements de bois.

Le curage de la rade de Toulon se continue avec succès, et déjà tous les vaisseaux de notre escadre d'évolution sont mouillés là où naguère encore des navires d'un rang inférieur pouvaient à peine se hasarder.

A Cherbourg, au fort Boyard, à Port-Vendres, à Marseille, les travaux se poursuivent également sans relâche.

Mais ces améliorations obtenues au prix de tant d'efforts demeureraient stériles, et notre puissance navale n'occuperait pas dans le monde un rang digne de la France, si, pour toutes les éventualités, elle n'avait les moyens de se recruter d'hommes déjà façonnés au rude métier de la mer. Le plus important, comme on le sait, est l'inscription combinée avec la caisse des invalides de la marine. Tout ce qui tend à rendre plus féconde cette œuvre de Colbert a été soumis à la méditation sérieuse du conseil de l'amirauté, sous la forme d'un projet de loi. Déjà la loi dernière promulguée sur les primes pour les pêches maritimes promet de nouvelles et fructueuses campagnes.

Un projet sur la police de la pêche côtière, cette première école de nos matelots, a été soumis à l'Assemblée peu de jours avant sa prorogation. Cette loi de police sera un bienfait pour tout le littoral.

La situation de nos colonies est plus satisfaisante

que l'année dernière ; elles jouissent toutes d'une complète tranquillité, qui, d'ailleurs, depuis l'émancipation, n'a jamais été sérieusement troublée qu'à la Guadeloupe.

En même temps qu'il s'efforce d'inspirer aux populations nouvellement affranchies la confiance dans la liberté et l'amour du travail qui doit en être la conséquence, le Gouvernement combat et poursuit avec énergie toutes les excitations aux mauvaises doctrines.

La répartition de l'indemnité réglée par un décret du 24 novembre 1849 est maintenant achevée partout. Une loi du 30 juillet 1850 est venue accélérer les avantages de cette mesure, en décidant que les certificats de liquidation délivrés aux ayants droit seraient immédiatement échangés au Trésor contre des coupons de rentes. Les inscriptions aujourd'hui délivrées représentent une masse d'environ 2 millions de rentes, c'est-à-dire le tiers de l'indemnité totale.

Les banques coloniales, organisées par la loi du 11 juillet dernier, pourront bientôt porter les fruits qu'on en attend.

L'administration intérieure des colonies, leur régime législatif et financier réclamaient une organisation nouvelle, en harmonie avec les principes que la Constitution a posés. Un projet de loi préparé à cet effet a été, après l'examen du conseil d'État, présenté à l'Assemblée ; un règlement qui embrasse toutes les parties de l'administration des finances coloniales et de leur comptabilité est déjà préparé et pourra suivre immédiatement le vote de la loi organique.

Deux autres projets de loi, dont l'un sur l'émigration, le régime de la police du travail aux colonies, et l'autre sur l'organisation judiciaire, ont été préparés par l'administration et la commission coloniale.

Enfin nos établissements de la côte occidentale d'Afrique sont en voie de progrès; leur situation appelle, dans l'intérêt même de ce progrès, diverses mesures qu'a récemment élaborées et proposées une commission.

AFFAIRES ÉTRANGÈRES.

Nous devons nous féliciter de l'état de nos relations avec les puissances étrangères; de toutes parts nous viennent les assurances du désir qu'elles éprouvent de voir nos difficultés se résoudre pacifiquement. De notre côté, une diplomatie loyale et sincère s'associe à toutes les mesures qui peuvent contribuer à assurer le repos et la paix de l'Europe.

Plus cette paix se prolonge et plus les liens des différents peuples se resserrent. La vaste et libérale idée du prince Albert a contribué à en cimenter l'union. Le peuple anglais a accueilli nos compatriotes avec une noble cordialité, et cette lutte de toutes les industries du monde, au lieu de fomenter les jalousies, n'a fait qu'accroître l'estime réciproque entre les nations.

A Rome, notre situation est toujours la même, et le saint-père ne cesse de montrer sa constante sollicitude pour le bonheur de la France et pour le bien-être de nos soldats. Le travail d'organisation du gouvernement romain marche lentement ; un conseil d'État est cependant établi, les conseils municipaux et provinciaux s'organisent peu à peu, et serviront à former une consulte destinée à prendre part à l'administration des finances ; d'importantes réformes législatives se poursuivent. Enfin, on s'occupe avec activité de la création d'une armée qui rendrait possible le retrait des forces étrangères stationnées dans les États de l'Église.

A Constantinople, la protection des intérêts religieux a exigé, depuis une année, notre active intervention. Il a fallu régler les difficultés élevées, soit dans le sein de la communion catholique, soit entre les diverses communions chrétiennes ; terminer les contestations les plus graves au sujet du mode d'institution des évêques arméniens ; enfin s'occuper d'une transaction qui mette un terme aux déplorables querelles, nées trop souvent de la possession des saints lieux. Si chacun est animé de notre esprit de conciliation, ces tristes débats auront cessé pour jamais.

Nos bons rapports avec l'Espagne nous font espérer le règlement définitif et prochain des différends au sujet de la frontière des Pyrénées.

Nous avons saisi avec empressement l'occasion de donner à l'Espagne une preuve de la sincérité de

12

nos relations, en nous associant à l'Angleterre pour offrir au cabinet de Madrid le concours de nos forces navales, afin de repousser la tentative audacieuse contre l'île de Cuba. De plus, notre ministre à Washington a été chargé d'appuyer amicalement les réclamations de la cour de Madrid, réclamations dont la justice a été loyalement reconnue par le gouvernement fédéral.

La paix est rétablie entre l'Allemagne et le Danemark; le Schleswig est rentré sous l'autorité du roi; l'occupation autrichienne a mis fin dans le Holstein au régime de l'insurrection, et la cause qui avait nécessité l'entrée des troupes étrangères ayant cessé, j'espère que leur séjour ne se prolongera pas. Les résolutions du cabinet de Copenhague pour déterminer la succession au trône et pour assurer l'intégrité de la monarchie ont obtenu l'approbation des puissances. Des obstacles de détail en retardent seuls la sanction officielle.

L'orage qui menaçait encore, il y a un an, le repos de l'Allemagne s'est dissipé. La Confédération germanique a repris dans son ensemble la forme et le régime antérieurs aux événements de 1848. Elle cherche à se prémunir contre de nouveaux ébranlements par un travail de réorganisation intérieure. Nous devons y demeurer complétement étrangers. Nous avons pu craindre un moment que la diète de Francfort ne fût appelée à délibérer sur une proposition qui modifiait grandement l'essence même de la Confédération allemande, tendait à en reculer les limites, changeant ainsi sa destination, son rôle européen, et altérant l'équilibre consacré par les traités généraux. Nous avons cru devoir faire entendre des représentations. L'Angleterre a aussi réclamé. Heureusement la sagesse des gouvernements germaniques n'a pas tardé à écarter cette chance de complication.

La Suisse a éloigné de son territoire la plus grande partie des réfugiés qui abusaient de l'hospitalité. En secondant cette mesure, nous avons rendu service à la Suisse et aux États voisins.

Les nouveaux événements survenus sur les rives de la Plata ont grandement modifié la situation respective des États engagés dans la lutte. Ils nous obligent à suspendre les arrangements que nous avions préparés pour une pacification.

Le système de l'extradition réciproque des malfaiteurs et celui des communications postales se complètent successivement. Plusieurs conventions soumises à l'Assemblée nationale lui en ont déjà donné la preuve. D'autres lui seront présentées plus tard.

La conclusion des traités de commerce avec la Grande-Bretagne, la Toscane, la Belgique, la Prusse, le Danemark et la Suède atteste la sollicitude du Gouvernement pour le développement de nos relations commerciales et maritimes.

L'Assemblée avait exprimé le vœu que les conventions littéraires conclues avec la Sardaigne et le Portugal pussent être adoptées le plus tôt possible par les autres États.

12.

La Grande-Bretagne et le Hanovre ont déjà signé des traités spéciaux reproduisant les principales clauses des conventions sarde et portugaise. Sur plusieurs autres points et notamment en Espagne, les négociations encore pendantes sont à la veille d'aboutir au résultat désiré.

Les réclamations qu'un grand nombre de négociants et d'armateurs français ont à poursuivre contre le gouvernement des États-Unis, à raison de saisies arbitraires par les douanes de Californie, ne sont pas encore liquidées et payées; mais le congrès américain et le cabinet de Washington en ont formellement reconnu la justice, et nous ne tarderons pas à obtenir une satisfaction légitime.

RÉSUMÉ.

Vous venez d'entendre l'exposé fidèle de la situation du pays. Elle offre pour le passé des résultats satisfaisants; néanmoins un état de malaise général tend chaque jour à s'accroître. Partout le travail se ralentit, la misère augmente, les intérêts s'effrayent et les espérances anti-sociales s'exaltent à mesure que les pouvoirs publics affaiblis approchent de leur terme.

Dans un tel état de choses, la première préoccupation du Gouvernement doit être de rechercher les moyens de conjurer les périls et d'assurer les meilleures chances de salut. Déjà, dans mon dernier message, mes paroles à ce sujet, je m'en souviens avec orgueil, furent favorablement accueillies par l'As-

semblée. Je vous disais : « L'incertitude de l'avenir
» fait naître bien des appréhensions en réveillant bien
» des espérances. Sachons tous faire à la patrie le sa-
» crifice de ces espérances, et ne nous occupons
» que de ses intérêts. Si dans cette session vous votez
» la révision de la Constitution, une Constituante
» viendra refaire nos lois fondamentales et régler le
» sort du pouvoir exécutif. Si vous ne la votez pas,
» le peuple en 1852 manifestera solennellement l'ex-
» pression de sa volonté nouvelle. Mais quelles que
» puissent être les solutions de l'avenir, entendons-
» nous afin que ce ne soit jamais la passion, la sur-
» prise ou la violence qui décident du sort d'une
» grande nation. »

Aujourd'hui les questions sont les mêmes, et mon
devoir n'a pas changé : c'est de maintenir l'ordre
inflexiblement, c'est de faire disparaître toute cause
d'agitation, afin que les résolutions qui décideront de
notre sort soient conçues dans le calme et adoptées
sans contestations.

Ces résolutions ne peuvent émaner que d'un acte
décisif de la souveraineté nationale, puisqu'elles ont
toutes pour base l'élection populaire. Eh bien, je me
suis demandé s'il fallait, en présence du délire des
passions, de la confusion des doctrines, de la division des partis, alors que tout se ligue pour enlever
à la morale, à la justice, à l'autorité, leur dernier
prestige, s'il fallait, dis-je, laisser ébranlé, incom-
plet, le seul principe qu'au milieu du chaos général
la Providence ait maintenu debout pour nous ral-

lier ? Quand le suffrage universel a relevé l'édifice social par cela même qu'il substituait un droit à un fait révolutionnaire, est-il sage d'en restreindre plus longtemps la base? Enfin, je me suis demandé si, lorsque des pouvoirs nouveaux viendront présider aux destinées du pays, ce n'était pas d'avance compromettre leur stabilité que de laisser un prétexte de discuter leur origine et de méconnaître leur légitimité.

Le doute n'était pas possible, et sans vouloir m'écarter un seul instant de la politique d'ordre que j'ai toujours suivie, je me suis vu obligé, bien à regret, de me séparer d'un ministère qui avait toute ma confiance et mon estime, pour en choisir un autre composé également d'hommes honorables connus par leurs sentiments conservateurs, mais qui voulussent admettre la nécessité de rétablir le suffrage universel sur la base la plus large possible.

Il vous sera donc présenté un projet de loi qui restitue au principe toute sa plénitude, en conservant de la loi du 31 mai ce qui dégage le suffrage universel d'éléments impurs et en rend l'application plus morale et plus régulière.

Ce projet n'a donc rien qui puisse blesser cette Assemblée; car, si je crois utile de lui demander aujourd'hui le retrait de la loi du 31 mai, je n'entends pas renier l'approbation que je donnai alors à l'initiative prise par le ministère qui réclama des chefs de la majorité, dont cette loi était l'œuvre, l'honneur de la présenter. Je reconnais même les effets salu-

taires qu'elle a produits. En se rappelant les circonstances dans lesquelles elle fut présentée, on avouera
que c'était un acte politique bien plus qu'une loi
électorale, une véritable mesure de salut public; et,
toutes les fois que la majorité me proposera des
moyens énergiques de sauver le pays, elle peut
compter sur mon concours loyal et désintéressé.
Mais les mesures de salut public n'ont qu'un temps
limité.

La loi du 31 mai, dans son application, a même
dépassé le but qu'on pensait atteindre; personne ne
prévoyait la suppression de 3 millions d'électeurs,
dont les deux tiers sont habitants paisibles des campagnes. Qu'en est-il résulté? C'est que cette immense
exclusion a servi de prétexte au parti anarchique
qui couvre ses détestables desseins de l'apparence
d'un droit ravi et à reconquérir. Trop inférieur en
nombre pour s'emparer de la société par le vote, il
espère, à la faveur de l'émotion générale et au déclin
des pouvoirs, faire naître, sur plusieurs points de la
France à la fois, des troubles, qui seraient réprimés
sans doute, mais qui nous jetteraient dans de nouvelles complications.

Indépendamment de ces périls, la loi du 31 mai,
comme loi électorale, présente de graves inconvénients. Je n'ai pas cessé de croire qu'un jour
viendrait où il serait de mon devoir d'en proposer
l'abrogation. Défectueuse, en effet, lorsqu'elle est
appliquée à l'élection d'une assemblée, elle l'est bien
davantage lorsqu'il s'agit de la nomination du Pré-

sident. Car si une résidence de trois ans dans la commune a pu paraître une garantie de discernement imposée aux électeurs pour connaître les hommes qui doivent les représenter, une résidence aussi prolongée ne saurait être nécessaire pour apprécier le candidat destiné à gouverner la France.

Une autre objection grave est celle-ci. La Constitution exige, pour la validité de l'élection du Président par le peuple, 2 millions au moins de suffrages, et s'il ne réunit pas ce nombre, c'est à l'Assemblée qu'est conféré le droit d'élire. La Constituante avait donc décidé que sur 10 millions de votants portés alors sur la liste, il suffisait du cinquième pour valider l'élection. Aujourd'hui le nombre des électeurs se trouvant réduit à sept millions, en exiger 2, c'est intervertir la proportion, c'est-à-dire demander presque le tiers au lieu du cinquième, et ainsi, dans une certaine éventualité, ôter l'élection au peuple pour la donner à l'Assemblée. C'est donc changer positivement les conditions d'éligibilité du Président de la République.

Enfin, j'appelle votre attention particulière sur une autre raison décisive peut-être. Le rétablissement du suffrage universel sur sa base principale donne une chance de plus d'obtenir la révision de la Constitution. Vous n'avez pas oublié pourquoi, dans la session dernière, les adversaires de cette révision se refusaient à la voter. Ils s'appuyaient sur cet argument qu'ils savaient rendre spécieux : La Constitution, disaient-ils, œuvre d'une assemblée issue du suffrage universel, ne peut pas être modifiée par une assemblée issue du suffrage restreint. Que ce soit là un motif réel ou un prétexte, il est bon de l'écarter et de pouvoir dire à ceux qui veulent lier le pays à une constitution immuable : Voilà le suffrage universel rétabli ; la majorité de l'Assemblée soutenue par 2 millions de pétitionnaires, par le plus grand nombre des conseils d'arrondissement, par la presque unanimité des conseils généraux, demande la révision du pacte fondamental : avez-vous moins confiance que nous dans l'expression de la volonté populaire ? La question se résume donc ainsi pour tous ceux qui souhaitent le dénoûment pacifique des difficultés du jour.

La loi du 31 mai a ses imperfections ; mais, fût-elle parfaite, ne devrait-on pas également l'abroger si elle doit empêcher la révision de la Constitution, ce vœu manifeste du pays ?

On objecte, je le sais, que, de ma part, ces propositions sont inspirées par l'intérêt personnel. Ma conduite, depuis trois ans, doit repousser une allégation semblable. Le bien du pays, je le répète, sera toujours le seul mobile de ma conduite. Je crois de mon devoir de proposer tous les moyens de conciliation, et de faire tous mes efforts pour amener une solution pacifique, régulière, légale, quelle qu'en puisse être l'issue.

Ainsi donc, Messieurs, la proposition que je vous fais n'est ni une tactique de parti, ni un calcul égoïste, ni une résolution subite ; c'est le résultat de

méditations sérieuses et d'une conviction profonde.
Je ne prétends pas que cette mesure fasse disparaître
toutes les difficultés de la situation; mais à chaque
jour sa tâche. Aujourd'hui, rétablir le suffrage universel, c'est enlever à la guerre civile son drapeau,
à l'opposition son dernier argument. Ce sera fournir
à la France la possibilité de se donner des institutions qui assurent son repos. Ce sera rendre aux
pouvoirs à venir cette force morale qui n'existe
qu'autant qu'elle repose sur un principe consacré et
sur une autorité incontestable.

9 *novembre* 1851. — Le général Magnan présente les corps d'officiers des régiments nouvellement
arrivés à Paris, et le Président les harangue en ces
termes :

« Messieurs,

» En recevant les officiers des divers régiments
» de l'armée qui se succèdent dans la garnison de
» Paris, je me félicite de les voir animés de cet es-
» prit militaire qui fit notre gloire et qui aujourd'hui
» fait notre sécurité. Je ne vous parlerai donc ni de
» vos devoirs ni de la discipline. Vos devoirs, vous
» les avez toujours remplis avec honneur, soit sur la
» terre d'Afrique, soit sur le sol de la France; et la
» discipline, vous l'avez toujours maintenue intacte à
» travers les épreuves les plus difficiles. J'espère
» que ces épreuves ne reviendront pas; mais si la
» gravité des circonstances les ramenait et m'obli-

» geait de faire appel à votre dévouement, il ne me
» faillirait pas, j'en suis sûr, parce que, vous le sa-
» vez, je ne vous demanderai rien qui ne soit d'ac-
» cord avec mon droit reconnu par la Constitution,
» avec l'honneur militaire, avec les intérêts de la
» patrie; parce que j'ai mis à votre tête des hommes
» qui ont toute ma confiance et qui méritent la vô-
» tre; parce que si jamais le jour du danger arrivait,
» je ne ferais pas comme les gouvernements qui
» m'ont précédé, et je ne vous dirais pas : Marchez,
» je vous suis; mais je vous dirais : Je marche, sui-
» vez-moi! »

25 *novembre* 1851. — Les exposants français à
l'exposition universelle de Londres avaient été convoqués dans la salle du Cirque pour recevoir les récompenses qui leur étaient accordées. En présence
d'une brillante société qui assistait en foule à cette
cérémonie, le Président, s'adressant aux exposants,
a prononcé ce discours :

« Messieurs,

» Il est des cérémonies qui, par les sentiments
qu'elles inspirent et les réflexions qu'elles font naître, ne sont pas un vain spectacle. Je ne puis me
défendre d'une certaine émotion et d'un certain orgueil comme Français, en voyant autour de moi les
hommes honorables qui, au prix de tant d'efforts et
de sacrifices, ont maintenu avec éclat, à l'étranger,
la réputation de nos métiers, de nos arts, de nos
sciences.

» J'ai déjà rendu un juste hommage à la grande pensée qui présida à l'exposition universelle de Londres; mais, au moment de couronner vos succès par une récompense nationale, puis-je oublier que tant de merveilles de l'industrie ont été commencées au bruit de l'émeute et achevées au milieu d'une société sans cesse agitée par la crainte du présent, comme par les menaces de l'avenir? et, en réfléchissant aux obstacles qu'il vous a fallu vaincre, je me suis dit : *Combien elle serait grande cette nation, si l'on voulait la laisser respirer à l'aise et vivre de sa vie!* (Applaudissements.)

» En effet, c'est lorsque le crédit commençait à peine à renaître; c'est lorsqu'une idée infernale poussait sans cesse les travailleurs à tarir les sources mêmes du travail; c'est lorsque la démence, se parant du manteau de la philanthropie, venait détourner les esprits des occupations régulières, pour les jeter dans les spéculations de l'utopie; c'est alors que vous avez montré au monde des produits qu'un calme durable semblait seul permettre d'exécuter.

» En présence donc de ces résultats inespérés, je dois le répéter, comme elle pourrait être grande, la République française, s'il lui était permis de vaquer à ses véritables affaires et de réformer ses institutions, au lieu d'être sans cesse troublée, d'un côté par les idées démagogiques, et de l'autre par les hallucinations monarchiques! (Vifs applaudissements.)

» Les idées démagogiques proclament-elles une vérité? Non. Elles répandent partout l'erreur et le mensonge. L'inquiétude les précède, la déception les suit, et les ressources employées à les réprimer sont autant de pertes pour les améliorations les plus pressantes, pour le soulagement de la misère. (Adhésion unanime.)

» Quant aux hallucinations monarchiques, sans faire courir les mêmes dangers, elles entravent également tout progrès, tout travail sérieux. On lutte au lieu de marcher. On voit des hommes, jadis ardents promoteurs des prérogatives de l'autorité royale, se faire conventionnels afin de désarmer le pouvoir issu du suffrage populaire. (Applaudissements.) On voit ceux qui ont le plus souffert, le plus gémi des révolutions, en provoquer une nouvelle; et cela, dans l'unique but de se soustraire au vœu national et d'empêcher le mouvement qui transforme les sociétés de suivre un paisible cours. (Bravos prolongés.)

» Ces efforts seront vains. Tout ce qui est dans la nécessité des temps doit s'accomplir. L'inutile seul ne saurait revivre. Cette cérémonie est encore une preuve que si certaines institutions tombent sans retour, celles au contraire qui sont conformes aux mœurs, aux idées, aux besoins de l'époque, bravent les attaques de l'envie ou du puritanisme.

» Vous tous, fils de cette société régénérée qui détruisit les anciens priviléges et qui proclame comme principe fondamental l'égalité civile et politique, vous éprouvez néanmoins un juste orgueil à être nommés chevaliers de l'ordre de la Légion d'honneur. C'est que cette institution était, ainsi que toutes celles créées à cette époque, en harmonie avec l'esprit du siècle et les idées du pays. Loin de servir comme d'autres à rendre les démarcations plus tranchées, elle les efface en plaçant sur la même ligne tous les mérites, à quelque profession, à quelque rang de la société qu'ils appartiennent. (Applaudissements.)

» Recevez donc ces croix de la Légion d'honneur, qui, d'après la grande idée du fondateur, sont faites pour honorer le travail à l'égal de la bravoure, et la bravoure à l'égal de la science.

» Avant de nous séparer, messieurs, permettez-moi de vous encourager à de nouveaux travaux. Entreprenez-les sans crainte; ils empêcheront le chômage cet hiver. Ne redoutez pas l'avenir. La tranquillité sera maintenue, quoi qu'il arrive. (Bravos prolongés.) Un gouvernement qui s'appuie sur la masse entière de la nation, qui n'a d'autre mobile que le bien public et qu'anime cette foi ardente qui vous guide sûrement, même à travers un espace où il n'y a pas de route tracée, ce gouvernement, dis-je, saura remplir sa mission, car il a en lui et le droit qui vient du peuple, et la force qui vient de Dieu. » (Applaudissements prolongés.)

2 décembre 1851. — L'Assemblée législative est dissoute. Le Président adresse les deux proclamations qui suivent au peuple et à l'armée :

PROCLAMATION DU PRÉSIDENT DE LA RÉPUBLIQUE.

Appel au peuple.

Français !

La situation actuelle ne peut durer plus long-temps. Chaque jour qui s'écoule aggrave les dangers du pays. L'Assemblée, qui devait être le plus ferme appui de l'ordre, est devenue un foyer de complots. Le patriotisme de trois cents de ses membres n'a pu arrêter ses fatales tendances. Au lieu de faire des lois dans l'intérêt général, elle forge des armes pour la guerre civile ; elle attente au pouvoir que je tiens directement du peuple ; elle encourage toutes les mauvaises passions ; elle compromet le repos de la France : je l'ai dissoute, et je rends le peuple entier juge entre elle et moi.

La Constitution, vous le savez, avait été faite dans le but d'affaiblir d'avance le pouvoir que vous alliez me confier. Six millions de suffrages furent une éclatante protestation contre elle, et cependant je l'ai fidèlement observée. Les provocations, les calomnies, les outrages m'ont trouvé impassible. Mais aujourd'hui que le pacte fondamental n'est plus respecté de ceux-là même qui l'invoquent sans cesse, et que les hommes qui ont déjà perdu deux monarchies veulent me lier les mains, afin de renverser la République, mon devoir est de déjouer leurs perfides projets, de maintenir la République et de sauver le pays en invoquant le jugement solennel du seul souverain que je reconnaisse en France, le peuple.

Je fais donc un appel loyal à la nation tout entière, et je vous dis : Si vous voulez continuer cet état de malaise qui nous dégrade et compromet notre avenir, choisissez un autre à ma place, car je ne veux plus d'un pouvoir qui est impuissant à faire le bien, me rend responsable d'actes que je ne puis empêcher, et m'enchaîne au gouvernail quand je vois le vaisseau courir vers l'abîme.

Si, au contraire, vous avez encore confiance en moi, donnez-moi les moyens d'accomplir la grande mission que je tiens de vous.

Cette mission consiste à fermer l'ère des révolutions en satisfaisant les besoins légitimes du peuple et en le protégeant contre les passions subversives. Elle consiste surtout à créer des institutions qui survivent aux hommes et qui soient enfin des fondations sur lesquelles on puisse asseoir quelque chose de durable.

Persuadé que l'instabilité du pouvoir, que la prépondérance d'une seule assemblée sont des causes permanentes de trouble et de discorde, je soumets à vos suffrages les bases fondamentales suivantes d'une constitution que les assemblées développeront plus tard.

1° Un chef responsable nommé pour dix ans ;

2° Des ministres dépendants du pouvoir exécutif seul ;

3° Un conseil d'État formé des hommes les plus distingués, préparant les lois et en soutenant la discussion devant le corps législatif;

4° Un corps législatif discutant et votant les lois, nommé par le suffrage universel, sans scrutin de liste qui fausse l'élection;

5° Une seconde assemblée, formée de toutes les illustrations du pays, pouvoir pondérateur, gardien du pacte fondamental et des libertés publiques.

Ce système, créé par le premier consul au commencement du siècle, a déjà donné à la France le repos et la prospérité; il les lui garantirait encore.

Telle est ma conviction profonde. Si vous la partagez, déclarez-le par vos suffrages. Si, au contraire, vous préférez un gouvernement sans force, monarchique ou républicain, emprunté à je ne sais quel passé ou à quel avenir chimérique, répondez négativement.

Ainsi donc, pour la première fois depuis 1804, vous voterez en connaissance de cause, en sachant bien pour qui et pour quoi.

Si je n'obtiens pas la majorité de vos suffrages, alors je provoquerai la réunion d'une nouvelle assemblée, et je lui remettrai le mandat que j'ai reçu de vous.

Mais si vous croyez que la cause dont mon nom est le symbole, c'est-à-dire la France régénérée par la révolution de 89 et organisée par l'Empereur, est toujours la vôtre, proclamez-le en consacrant les pouvoirs que je demande.

13

Alors la France et l'Europe seront préservées de l'anarchie, les obstacles s'aplaniront, les rivalités auront disparu, car tous respecteront, dans l'arrêt du peuple, le décret de la Providence.

PROCLAMATION

DU PRÉSIDENT DE LA RÉPUBLIQUE A L'ARMÉE.

Soldats !

Soyez fiers de votre mission, vous sauverez la patrie, car je compte sur vous, non pour violer les lois, mais pour faire respecter la première loi du pays, la souveraineté nationale, dont je suis le légitime représentant.

Depuis longtemps vous souffriez comme moi des obstacles qui s'opposaient et au bien que je voulais vous faire et aux démonstrations de votre sympathie en ma faveur.

Ces obstacles sont brisés. L'Assemblée a essayé d'attenter à l'autorité que je tiens de la nation entière ; elle a cessé d'exister.

Je fais un loyal appel au peuple et à l'armée, et je leur dis : Ou donnez-moi les moyens d'assurer votre prospérité ; ou choisissez un autre à ma place.

En 1830 comme en 1848, on vous a traités en vaincus. Après avoir flétri votre désintéressement héroïque, on a dédaigné de consulter vos sympathies et vos vœux, et cependant vous êtes l'élite de la nation. Aujourd'hui, en ce moment solennel, je veux que l'armée fasse entendre sa voix.

Votez donc librement comme citoyens; mais, comme soldats, n'oubliez pas que l'obéissance passive aux ordres du chef du Gouvernement est le devoir rigoureux de l'armée, depuis le général jusqu'au soldat. C'est à moi, responsable de mes actions devant le peuple et devant la postérité, de prendre les mesures qui me semblent indispensables pour le bien public.

Quant à vous, restez inébranlables dans les règles de la discipline et de l'honneur. Aidez, par votre attitude imposante, le pays à manifester sa volonté dans le calme et la réflexion. Soyez prêts à réprimer toute tentative contre le libre exercice de la souveraineté du peuple.

Soldats, je ne vous parle pas des souvenirs que mon nom rappelle. Ils sont gravés dans vos cœurs. Nous sommes unis par des liens indissolubles. Votre histoire est la mienne. Il y a entre nous dans le passé communauté de gloire et de malheur; il y aura dans l'avenir communauté de sentiments et de résolutions pour le repos et la grandeur de la France.

5 *décembre* 1851. — Le Président adresse au ministre de la guerre la lettre suivante :

« Mon cher général,

» J'avais adopté le mode de votation avec la signature de chaque votant, parce que ce mode, employé autrefois, me semblait mieux assurer la sincérité de l'élection ; mais, cédant à des objections sérieuses et à de justes réclamations, je viens, vous le savez, de rendre un décret qui change la manière de voter.

» Les suffrages de l'armée sont presque entièrement donnés, et je suis heureux de penser qu'il s'en trouvera un assez petit nombre contre moi. Cependant, comme les militaires qui ont déposé un vote négatif pourraient craindre qu'il n'exerçât une fâcheuse influence sur leur carrière, il importe de les rassurer.

» Veuillez donc bien, sans retard, faire savoir à l'armée que si le mode d'après lequel elle a voté est différent de celui d'après lequel voteront les autres citoyens, l'effet en sera le même pour elle, c'est-à-dire que je veux ignorer les noms de ceux qui ont voté contre moi.

» En conséquence, le relevé des votes une fois terminé et dûment constaté, ordonnez, je vous prie, que les registres soient brûlés.

» Agréez, etc. »

6 *décembre* 1851. — Le Président fait une nouvelle proclamation au peuple.

PROCLAMATION DU PRÉSIDENT DE LA RÉPUBLIQUE AU PEUPLE FRANÇAIS.

Français,

Les troubles sont apaisés. Quelle que soit la décision du peuple, la société est sauvée. La première partie de ma tâche est accomplie; l'appel à la nation, pour terminer les luttes des partis, ne faisait, je le savais, courir aucun risque sérieux à la tranquillité publique.

Pourquoi le peuple se serait-il soulevé contre moi?

Si je ne possède plus votre confiance, si vos idées ont changé, il n'est pas besoin de faire couler un sang précieux; il suffit de déposer dans l'urne un vote contraire. Je respecterai toujours l'arrêt du peuple.

Mais tant que la nation n'aura pas parlé, je ne reculerai devant aucun effort, devant aucun sacrifice pour déjouer les tentatives des factieux. Cette tâche, d'ailleurs, m'est rendue facile.

D'un côté, l'on a vu combien il est insensé de lutter contre une armée unie par les liens de la discipline, animée par le sentiment de l'honneur militaire et par le dévouement à la patrie.

D'un autre côté, l'attitude calme des habitants de Paris, la réprobation dont ils flétrissent l'émeute, ont témoigné assez hautement pour qui se prononçait la capitale.

Dans ces quartiers populeux où naguère l'insurrection se recrutait si vite parmi des ouvriers dociles à ses entraînements, l'anarchie cette fois n'a pu rencontrer qu'une répugnance profonde pour ses détestables excitations. Grâces en soient rendues à l'intelligente et patriotique population de Paris! Qu'elle se persuade de plus en plus que mon unique ambition est d'assurer le repos et la prospérité de la France.

Qu'elle continue à prêter son concours à l'autorité, et bientôt le pays pourra accomplir dans le calme l'acte solennel qui doit inaugurer une ère nouvelle pour la République.

31 *décembre* 1851. — M. Baroche, vice-président de la Commission consultative et les membres qui la composent, viennent présenter au Président de la République le résultat du recensement général des votes émis sur le projet de plébiscite proposé le 2 décembre.

Le procès-verbal de ce recensement constate que le projet de plébiscite a été accueilli par 7,439,216 *oui*, contre 640,737 *non*.

Voici la réponse du Président au discours de M. Baroche :

« Messieurs,

» La France a répondu à l'appel loyal que je lui
» avais fait. Elle a compris que je n'étais sorti de la
» légalité que pour rentrer dans le droit. Plus de
» sept millions de suffrages viennent de m'absoudre
» en justifiant un acte qui n'avait d'autre but que
» d'épargner à notre patrie et à l'Europe peut-être
» des années de troubles et de malheurs. (Vives
» marques d'assentiment.)
» Je vous remercie d'avoir constaté officiellement

» combien cette manifestation était nationale et
» spontanée.

» Si je me félicite de cette immense adhésion, ce
» n'est pas par orgueil, mais parce qu'elle me
» donne la force de parler et d'agir ainsi qu'il
» convient au chef d'une grande nation comme la
» nôtre. (Bravos répétés.)

» Je comprends toute la grandeur de ma mission
» nouvelle, je ne m'abuse pas sur ses graves diffi-
» cultés. Mais, avec un cœur droit, avec le con-
» cours de tous les hommes de bien qui, ainsi que
» vous, m'éclaireront de leurs lumières et me sou-
» tiendront de leur patriotisme, avec le dévoue-
» ment éprouvé de notre vaillante armée, enfin
» avec cette protection que demain je prierai solen-
» nellement le ciel de m'accorder encore (sensation
» prolongée), j'espère me rendre digne de la con-
» fiance que le peuple continue de mettre en moi.
» (Vive approbation.) J'espère assurer les destinées
» de la France en fondant des institutions qui ré-
» pondent à la fois et aux instincts démocratiques
» de la nation, et à ce désir exprimé universelle-
» ment d'avoir désormais un pouvoir fort et respecté.
» (Adhésion chaleureuse.) En effet, donner satis-
» faction aux exigences du moment en créant un
» système qui reconstitue l'autorité sans blesser l'é-
» galité, sans fermer aucune voie d'amélioration,
» c'est jeter les véritables bases du seul édifice ca-
» pable de supporter plus tard une liberté sage et
» bienfaisante. »

ANNÉE 1852.

DISCOURS ET PROCLAMATIONS.

ANNÉE 1852.

PRÉAMBULE DE LA CONSTITUTION.

LOUIS-NAPOLÉON, PRÉSIDENT DE LA RÉPUBLIQUE, AU NOM DU PEUPLE FRANÇAIS.

Français,

Lorsque, dans ma proclamation du 2 décembre, je vous exprimai loyalement quelles étaient, à mon sens, les conditions vitales du pouvoir en France, je n'avais pas la prétention, si commune de nos jours, de substituer une théorie personnelle à l'expérience des siècles. J'ai cherché, au contraire, quels étaient dans le passé, les exemples les meilleurs à suivre, quels hommes les avaient donnés, et quel bien en était résulté.

Dès lors, j'ai cru logique de préférer les préceptes du génie aux doctrines spécieuses d'hommes à idées abstraites. J'ai pris comme modèle les institutions politiques qui déjà, au commencement de ce siècle, dans des circonstances analogues, ont raffermi la so-

ciété ébranlée et élevé la France à un haut degré
de prospérité et de grandeur.

J'ai pris comme modèle les institutions qui, au
lieu de disparaître au premier souffle des agitations
populaires, n'ont été renversées que par l'Europe
entière coalisée contre nous.

En un mot, je me suis dit : Puisque la France ne
marche depuis cinquante ans qu'en vertu de l'organisation administrative, militaire, judiciaire, religieuse, financière, du Consulat et de l'Empire, pourquoi n'adopterions-nous pas aussi les institutions
politiques de cette époque? Créées par la même pensée, elles doivent porter en elles le même caractère
de nationalité et d'utilité pratique.

En effet, ainsi que je l'ai rappelé dans ma proclamation, notre société actuelle (il est essentiel de le
constater), n'est pas autre chose que la France régénérée par la révolution de 89 et organisée par l'Empereur. Il ne reste plus rien de l'ancien régime que
de grands souvenirs et de grands bienfaits. Mais
tout ce qui alors était organisé a été détruit par la
révolution, et tout ce qui a été organisé depuis la
révolution et qui existe encore l'a été par Napoléon.

Nous n'avons plus ni provinces, ni pays d'état,
ni parlements, ni intendants, ni fermiers généraux,
ni coutumes diverses, ni droits féodaux, ni classes
privilégiées en possession exclusive des emplois civils et militaires, ni juridictions religieuses différentes.

A tant de choses incompatibles avec elle, la révolution avait fait subir une réforme radicale, mais elle n'avait rien fondé de définitif. Seul, le premier consul rétablit l'unité, la hiérarchie et les véritables principes du gouvernement. Ils sont encore en vigueur.

Ainsi l'administration de la France confiée à des préfets, à des sous-préfets, à des maires, qui substituaient l'unité aux commissions directoriales ; la décision des affaires, au contraire, donnée à des conseils, depuis la commune jusqu'au département ; ainsi, la magistrature affermie par l'inamovibilité des juges, par la hiérarchie des tribunaux ; la justice rendue plus facile par la délimitation des attributions, depuis la justice de paix jusqu'à la cour de cassation. Tout cela est encore debout.

De même, notre admirable système financier, la banque de France, l'établissement des budgets, la cour des comptes, l'organisation de la police, nos règlements militaires, datent de cette époque.

Depuis cinquante ans c'est le Code Napoléon qui règle les intérêts des citoyens entre eux ; c'est encore le concordat qui règle les rapports de l'État avec l'Église.

Enfin, la plupart des mesures qui concernent les progrès de l'industrie, du commerce, des lettres, des sciences, des arts, depuis les règlements du Théâtre-Français jusqu'à ceux de l'Institut, depuis l'institution des prud'hommes jusqu'à la création de la Légion d'honneur, ont été fixées par les décrets de ce temps.

On peut donc l'affirmer, la charpente de notre édifice social est l'œuvre de l'Empereur, et elle a résisté à sa chute et à trois révolutions.

Pourquoi, avec la même origine, les institutions politiques n'auraient-elles pas les mêmes chances de durée?

Ma conviction était formée depuis longtemps, et c'est pour cela que j'ai soumis à votre jugement les bases principales d'une constitution empruntée à celle de l'an VIII. Approuvées par vous, elles vont devenir le fondement de notre constitution politique.

Examinons quel en est l'esprit :

Dans notre pays, monarchique depuis huit cents ans, le pouvoir central a toujours été en s'augmentant. La royauté a détruit les grands vassaux; les révolutions elles-mêmes ont fait disparaître les obstacles qui s'opposaient à l'exercice rapide et uniforme de l'autorité. Dans ce pays de centralisation, l'opinion publique a sans cesse tout rapporté au chef du Gouvernement, le bien comme le mal. Aussi, écrire en tête d'une charte que ce chef est irresponsable, c'est mentir au sentiment public, c'est vouloir établir une fiction, qui s'est trois fois évanouie au bruit des révolutions.

La constitution actuelle proclame, au contraire, que le chef que vous avez élu est responsable devant vous; qu'il a toujours le droit de faire appel à votre jugement souverain, afin que, dans les circonstances solennelles, vous puissiez lui continuer ou lui retirer votre confiance.

Étant responsable, il faut que son action soit libre et sans entraves. De là l'obligation d'avoir des ministres qui soient les auxiliaires honorés et puissants de sa pensée, mais qui ne forment plus un conseil responsable, composé de membres solidaires, obstacle journalier à l'impulsion particulière du chef de l'État, expression d'une politique émanée des chambres, et par là même exposé à des changements fréquents qui empêchent tout esprit de suite, toute application d'un système régulier.

Néanmoins, plus un homme est haut placé, plus il est indépendant, plus la confiance que le peuple a mise en lui est grande, plus il a besoin de conseils éclairés, consciencieux. De là la création d'un conseil d'État, désormais véritable conseil du Gouvernement, premier rouage de notre organisation nouvelle, réunion d'hommes pratiques élaborant des projets de loi dans des commissions spéciales, les discutant à huis clos, sans ostentation oratoire, en assemblée générale, et les présentant ensuite à l'acceptation du corps législatif.

Ainsi le pouvoir est libre dans ses mouvements, éclairé dans sa marche.

Quel sera maintenant le contrôle exercé par les assemblées?

Une chambre, qui prend le titre de corps législatif, vote les lois et l'impôt. Elle est élue par le suffrage universel, sans scrutin de liste. Le peuple, choisissant isolément chaque candidat, peut plus facilement apprécier le mérite de chacun d'eux.

La chambre n'est plus composée que d'environ deux cent soixante membres. C'est là une première garantie du calme des délibérations, car trop souvent on a vu dans les assemblées la mobilité et l'ardeur des passions croître en raison du nombre.

Le compte rendu des séances qui doit instruire la nation n'est plus livré, comme autrefois, à l'esprit de parti de chaque journal; une publication officielle, rédigée par les soins du président de la chambre, en est seule permise.

Le corps législatif discute librement la loi, l'adopte ou la repousse; mais il n'y introduit pas à l'improviste de ces amendements qui dérangent souvent toute l'économie d'un système et l'ensemble du projet primitif. A plus forte raison n'a-t-il pas cette initiative parlementaire qui était la source de si graves abus, et qui permettait à chaque député de se substituer à tout propos au Gouvernement en présentant les projets les moins étudiés, les moins approfondis.

La chambre n'étant plus en présence des ministres, et les projets de loi étant soutenus par les orateurs du conseil d'État, le temps ne se perd pas en vaines interpellations, en accusations frivoles, en luttes passionnées, dont l'unique but était de renverser les ministres pour les remplacer.

Ainsi donc, les délibérations du corps législatif seront indépendantes; mais les causes d'agitations stériles auront été supprimées, des lenteurs salutaires apportées à toute modification de la loi. Les mandataires de la nation feront mûrement les choses sérieuses.

Une autre assemblée prend le nom de sénat. Elle sera composée des éléments qui, dans tout pays, créent les influences légitimes : le nom illustre, la fortune, le talent et les services rendus.

Le sénat n'est plus, comme la chambre des pairs, le pâle reflet de la chambre des députés, répétant à quelques jours d'intervalle les mêmes discussions sur un autre ton. Il est le dépositaire du pacte fondamental et des libertés compatibles avec la constitution ; et c'est uniquement sous le rapport des grands principes sur lesquels repose notre société, qu'il examine toutes les lois et qu'il en propose de nouvelles au pouvoir exécutif. Il intervient, soit pour résoudre toute difficulté grave qui pourrait s'élever pendant l'absence du corps législatif, soit pour expliquer le texte de la constitution et assurer ce qui est nécessaire à sa marche. Il a le droit d'annuler tout acte arbitraire et illégal, et jouissant ainsi de cette considération qui s'attache à un corps exclusivement occupé de l'examen de grands intérêts ou de l'application de grands principes, il remplit dans l'État le rôle indépendant, salutaire, conservateur, des anciens parlements.

Le sénat ne sera pas, comme la chambre des pairs, transformé en cour de justice : il conservera son caractère de modérateur suprême, car la défaveur atteint toujours les corps politiques lorsque le sanctuaire des législateurs devient un tribunal criminel. L'impartialité du juge est trop souvent mise en doute, et il perd de son prestige devant l'opinion, qui va quelquefois jusqu'à l'accuser d'être l'instrument de la passion ou de la haine.

Une haute cour de justice, choisie dans la haute magistrature, ayant pour jurés des membres des conseils généraux de toute la France, réprimera seule les attentats contre le chef de l'État et la sûreté publique.

L'Empereur disait au conseil d'État : « *Une constitution est l'œuvre du temps ; on ne saurait laisser une trop large voie aux améliorations.* » Aussi la constitution présente n'a-t-elle fixé que ce qu'il était impossible de laisser incertain. Elle n'a pas enfermé dans un cercle infranchissable les destinées d'un grand peuple ; elle a laissé aux changements une assez large voie pour qu'il y ait, dans les grandes crises, d'autres moyens de salut que l'expédient désastreux des révolutions.

Le sénat peut, de concert avec le Gouvernement, modifier tout ce qui n'est pas fondamental dans la constitution ; mais quant aux modifications à apporter aux bases premières, sanctionnées par vos suffrages, elles ne peuvent devenir définitives qu'après avoir reçu votre ratification.

Ainsi, le peuple reste toujours maître de sa destinée. Rien de fondamental ne se fait en dehors de sa volonté.

Telles sont les idées, tels sont les principes dont vous m'avez autorisé à faire l'application. Puisse cette constitution donner à notre patrie des jours calmes et prospères ! Puisse-t-elle prévenir le retour de ces luttes intestines où la victoire, quelque légitime qu'elle soit, est toujours chèrement achetée ! Puisse la sanction, que vous avez donnée à mes efforts, être bénie du ciel ! Alors la paix sera assurée au dedans et au dehors, mes vœux seront comblés, ma mission sera accomplie !

Palais des Tuileries, le 14 janvier 1852.

LOUIS-NAPOLÉON BONAPARTE.

CONSTITUTION

FAITE

EN VERTU DES POUVOIRS DÉLÉGUÉS PAR LE PEUPLE FRANÇAIS A LOUIS-NAPOLÉON BONAPARTE

par le vote des 20 et 21 décembre 1851.

LE PRÉSIDENT DE LA RÉPUBLIQUE,

Considérant que le peuple français a été appelé à se prononcer sur la résolution suivante :

« Le peuple veut le maintien de l'autorité de
» Louis-Napoléon Bonaparte, et lui donne les pou-
» voirs nécessaires pour faire une constitution d'a-
» près les bases établies dans sa proclamation du
» 2 décembre ;

14.

Considérant que les bases proposées à l'acceptation du peuple étaient :

» 1° Un chef responsable nommé pour dix ans;

» 2° Des ministres dépendants du pouvoir exé- » cutif seul;

» 3° Un conseil d'État formé des hommes les plus » distingués, préparant les lois et en soutenant la » discussion devant le corps législatif;

» 4° Un corps législatif discutant et votant les lois, » nommé par le suffrage universel, sans scrutin de » liste qui fausse l'élection;

» 5° Une seconde assemblée formée de toutes les » illustrations du pays, pouvoir pondérateur, gardien » du pacte fondamental et des libertés publiques; »

Considérant que le peuple a répondu affirmativement par sept millions cinq cent mille suffrages,

PROMULGUE LA CONSTITUTION DONT LA TENEUR SUIT :

TITRE Ier.

Art. 1er. La constitution reconnaît, confirme et garantit les grands principes proclamés en 1789, et qui sont la base du droit public des Français.

TITRE II.

FORMES DU GOUVERNEMENT DE LA RÉPUBLIQUE.

Art. 2. Le Gouvernement de la République française est confié pour dix ans au prince Louis-Napoléon Bonaparte, Président actuel de la République.

Art. 3. Le Président de la République gouverne

au moyen des ministres, du conseil d'État, du sénat
et du corps législatif.

Art. 4. La puissance législative s'exerce collecti-
vement par le Président de la République, le sénat
et le corps législatif.

TITRE III.

DU PRÉSIDENT DE LA RÉPUBLIQUE.

Art. 5. Le Président de la République est responsable devant le peuple français, auquel il a toujours
le droit de faire appel.

Art. 6. Le Président de la République est le chef
de l'État; il commande les forces de terre et de mer,
déclare la guerre, fait les traités de paix, d'alliance
et de commerce, nomme à tous les emplois, fait les
règlements et décrets nécessaires pour l'exécution
des lois.

Art. 7. La justice se rend en son nom.

Art. 8. Il a seul l'initiative des lois.

Art. 9. Il a le droit de faire grâce.

Art. 10. Il sanctionne et promulgue les lois et les
sénatus-consultes.

Art. 11. Il présente, tous les ans, au sénat et au
corps législatif, par un message, l'état des affaires de
la République.

Art. 12. Il a le droit de déclarer l'état de siége
dans un ou plusieurs départements, sauf à en référer
au sénat dans le plus bref délai.

Les conséquences de l'état de siége sont réglées
par la loi.

Art. 13. Les ministres ne dépendent que du chef de l'État ; ils ne sont responsables, que chacun en ce qui le concerne, des actes du Gouvernement ; il n'y a point de solidarité entre eux ; il ne peuvent être mis en accusation que par le sénat.

Art. 14. Les ministres, les membres du sénat, du corps législatif et du conseil d'État, les officiers de terre et de mer, les magistrats et les fonctionnaires publics prêtent le serment ainsi conçu :

Je jure obéissance à la constitution et fidélité au Président.

Art. 15. Un sénatus-consulte fixe la somme allouée annuellement au Président de la République pour toute la durée de ses fonctions.

Art. 16. Si le Président de la République meurt avant l'expiration de son mandat, le sénat convoque la nation pour procéder à une nouvelle élection.

Art. 17. Le chef de l'État a le droit, par un acte secret et déposé aux archives du sénat, de désigner au peuple le nom du citoyen qu'il recommande, dans l'intérêt de la France, à la confiance du peuple et à ses suffrages.

Art. 18. Jusqu'à l'élection du nouveau Président de la République, le président du sénat gouverne avec le concours des ministres en fonctions, qui se forment en conseil de gouvernement, et délibèrent à la majorité des voix.

TITRE IV.

DU SÉNAT.

Art. 19. Le nombre des sénateurs ne pourra excéder cent cinquante : il est fixé pour la première année à quatre-vingts.

Art. 20. Le sénat se compose :

1° Des cardinaux, des maréchaux, des amiraux ;

2° Des citoyens que le Président de la République juge convenable d'élever à la dignité de sénateur.

Art. 21. Les sénateurs sont inamovibles et à vie.

Art. 22. Les fonctions de sénateur sont gratuites ; néanmoins le Président de la République pourra accorder à des sénateurs, en raison de services rendus et de leur position de fortune, une dotation personnelle, qui ne pourra excéder trente mille francs par an.

Art. 23. Le président et les vice-présidents du sénat sont nommés par le Président de la République et choisis parmi les sénateurs.

Ils sont nommés pour un an.

Le traitement du président du sénat est fixé par un décret.

Art. 24. Le Président de la République convoque et proroge le sénat. Il fixe la durée de ses sessions par un décret.

Les séances du sénat ne sont pas publiques.

Art. 25. Le sénat est le gardien du pacte fondamental et des libertés publiques. Aucune loi ne peut être promulguée avant de lui avoir été soumise.

Art. 26. Le sénat s'oppose à la promulgation :

1° Des lois qui seraient contraires ou qui porteraient atteinte à la constitution, à la religion, à la morale, à la liberté des cultes, à la liberté individuelle, à l'égalité des citoyens devant la loi, à l'inviolabilité de la propriété et au principe de l'inamovibilité de la magistrature;

2° De celles qui pourraient compromettre la défense du territoire.

Art. 27. Le sénat règle par un sénatus-consulte :

1° La constitution des colonies et de l'Algérie;

2° Tout ce qui n'a pas été prévu par la constitution et qui est nécessaire à sa marche;

3° Le sens des articles de la constitution qui donnent lieu à différentes interprétations.

Art. 28. Ces sénatus-consultes seront soumis à la sanction du Président de la République, et promulgués par lui.

Art. 29. Le sénat maintient ou annule tous les actes qui lui sont déférés comme inconstitutionnels par le Gouvernement, ou dénoncés pour la même cause par les pétitions des citoyens.

Art. 30. Le sénat peut, dans un rapport adressé au Président de la République, poser les bases des projets de loi d'un grand intérêt national.

Art. 31. Il peut également proposer des modifications à la constitution. Si la proposition est adoptée par le pouvoir exécutif, il y est statué par un sénatus-consulte.

Art. 32. Néanmoins, sera soumise au suffrage

universel toute modification aux bases fondamentales de la constitution, telles qu'elles ont été posées dans la proclamation du 2 décembre et adoptées par le peuple français.

Art. 33. En cas de dissolution du corps législatif, et jusqu'à une nouvelle convocation, le sénat, sur la proposition du Président de la République, pourvoit, par des mesures d'urgence, à tout ce qui est nécessaire à la marche du gouvernement.

TITRE V.

DU CORPS LÉGISLATIF.

Art. 34. L'élection a pour base la population.

Art. 35. Il y aura un député au corps législatif à raison de trente-cinq mille électeurs.

Art. 36. Les députés sont élus par le suffrage universel, sans scrutin de liste.

Art. 37. Ils ne reçoivent aucun traitement.

Art. 38. Ils sont nommés pour six ans.

Art. 39. Le corps législatif discute et vote les projets de loi et l'impôt.

Art. 40. Tout amendement adopté par la commission chargée d'examiner un projet de loi sera renvoyé, sans discussion, au conseil d'État par le président du corps législatif.

Si l'amendement n'est pas adopté par le conseil d'État, il ne pourra pas être soumis à la délibération du corps législatif.

Art. 41. Les sessions ordinaires du corps législatif

durent trois mois ; ses séances sont publiques ; mais la demande de cinq membres suffit pour qu'il se forme en comité secret.

Art. 42. Le compte rendu des séances du corps législatif par les journaux ou tout autre moyen de publication ne consistera que dans la reproduction du procès-verbal dressé à l'issue de chaque séance par les soins du président du corps législatif.

Art. 43. Le président et les vice-présidents du corps législatif sont nommés par le Président de la République pour un an ; ils sont choisis parmi les députés. Le traitement du président du corps législatif est fixé par un décret.

Art. 44. Les ministres ne peuvent être membres du corps législatif.

Art. 45. Le droit de pétition s'exerce auprès du sénat. Aucune pétition ne peut être adressée au corps législatif.

Art. 46. Le Président de la République convoque, ajourne, proroge et dissout le corps législatif. En cas de dissolution, le Président de la République doit en convoquer un nouveau dans le délai de six mois.

TITRE VI.

DU CONSEIL D'ÉTAT.

Art. 47. Le nombre des conseillers d'État en service ordinaire est de quarante à cinquante.

Art. 48. Les conseillers d'État sont nommés par le Président de la République, et révocables par lui.

Art. 49. Le conseil d'État est présidé par le Président de la République, et, en son absence, par la personne qu'il désigne comme vice-président du conseil d'État.

Art. 50. Le conseil d'État est chargé, sous la direction du Président de la République, de rédiger les projets de loi et les règlements d'administration publique, et de résoudre les difficultés qui s'élèvent en matière d'administration.

Art. 51. Il soutient, au nom du Gouvernement, la discussion des projets de loi devant le sénat et le corps législatif.

Les conseillers d'État chargés de porter la parole au nom du Gouvernement sont désignés par le Président de la République.

Art. 52. Le traitement de chaque conseiller d'État est de vingt-cinq mille francs.

Art. 53. Les ministres ont rang, séance et voix délibérative au conseil d'État.

TITRE VII.

DE LA HAUTE COUR DE JUSTICE.

Art. 54. Une haute cour de justice juge, sans appel ni recours en cassation, toutes personnes qui auront été renvoyées devant elle comme prévenues de crimes, attentats ou complots contre le Président de la République et contre la sûreté intérieure ou extérieure de l'État.

Elle ne peut être saisie qu'en vertu d'un décret du Président de la République.

Art. 55. Un sénatus-consulte déterminera l'organisation de cette haute cour.

TITRE VIII.

DISPOSITIONS GÉNÉRALES ET TRANSITOIRES.

Art. 56. Les dispositions des codes, lois et règlements existants, qui ne sont pas contraires à la présente constitution, restent en vigueur jusqu'à ce qu'il y soit légalement dérogé.

Art. 57. Une loi déterminera l'organisation municipale. Les maires seront nommés par le pouvoir exécutif, et pourront être pris hors du conseil municipal.

Art. 58. La présente constitution sera en vigueur à dater du jour où les grands corps de l'État qu'elle organise seront constitués.

Les décrets rendus par le Président de la République, à partir du 2 décembre jusqu'à cette époque, auront force de loi.

Fait au palais des Tuileries, le 14 janvier 1852.

LOUIS-NAPOLÉON.

Vu et scellé du grand sceau :

Le garde des sceaux, ministre de la justice,

E. ROUHER.

21 *mars* 1852. — Voici l'allocution que le Président a adressée aux soldats et sous-officiers lorsqu'il leur a distribué la nouvelle médaille au moment de la revue de ce jour.

« Soldats,

» En vous donnant pour la première fois la médaille, je tiens à vous faire connaître le but pour lequel je l'ai instituée. Quand on est témoin, comme moi, de tout ce qu'il y a de dévouement, d'abnégation et de patriotisme dans les rangs de l'armée, on déplore souvent que le Gouvernement ait si peu de moyens de reconnaître de si grandes épreuves et de si grands services.

» L'admirable institution de la Légion d'honneur perdrait de son prestige, si elle n'était renfermée dans de certaines limites. Cependant combien de fois ai-je regretté de voir des soldats et des sous-officiers rentrer dans leurs foyers sans récompense, quoique, par la durée de leur service, par des blessures, par des actions dignes d'éloges, ils eussent mérité un témoignage de satisfaction de la patrie! C'est pour le leur accorder que j'ai institué cette médaille.

» Elle pourra être donnée à ceux qui se sont réengagés, après s'être bien conduits pendant le premier congé; à ceux qui auront fait quatre campagnes; ou bien à ceux qui auront été blessés ou cités à l'ordre de l'armée.

» Elle leur assurera 100 francs de rente viagère; c'est peu, certainement, mais ce qui est beaucoup, c'est le ruban que vous porterez sur la poitrine, et qui dira à vos camarades, à vos familles, à vos concitoyens que celui qui le porte est un brave.

» Cette médaille ne vous empêchera pas de prétendre à la croix de la Légion d'honneur, si vous en êtes jugés dignes ; au contraire, elle sera comme un premier degré pour l'obtenir, puisqu'elle vous signalera d'avance à l'attention de vos chefs. Vous ne cumulerez pas les deux traitements, mais vous pourrez porter les deux décorations ; de même, si un sous-officier, caporal ou soldat auquel aurait été décernée la Légion d'honneur, vient à se signaler encore, il pourra également être décoré de la médaille.

» Soldats, cette distinction est bien peu de chose, je le répète, au prix des services immenses qu'ici et en Afrique vous rendez à la France, mais recevez-la comme un encouragement à maintenir intact cet esprit militaire qui vous honore ; portez-la comme une preuve de ma sollicitude pour vos intérêts, de mon amour pour cette grande famille militaire, dont je m'enorgueillis d'être le chef, parce que vous en êtes les glorieux enfants. »

29 *mars.* — Le prince Président de la République a fait l'ouverture de la session du sénat et du corps législatif, au palais des Tuileries, dans la salle des Maréchaux, disposée pour cette solennité.

Une estrade avait été préparée au fond de la salle pour le prince Président, ses ministres, sa maison militaire et le conseil d'État.

Une salve de cent et un coups de canon a annoncé le commencement de la cérémonie. Le Président de la République s'est rendu d'abord dans le salon de l'Empereur, où il a reçu le serment de ses ministres et du vice-président du conseil d'État.

A midi et demi, le corps diplomatique, le corps législatif, le sénat et le conseil d'État, qui s'étaient réunis d'avance dans des salons séparés, ont été successivement introduits et ont pris place dans la salle des Maréchaux.

Le corps diplomatique occupait au côté droit une estrade qui faisait suite à celle du Président.

En avant, à droite, étaient placés messieurs les sénateurs, et à gauche messieurs les députés au corps législatif.

A une heure, le Président de la République, précédé de sa maison militaire et suivi de ses ministres, a pris place sur un fauteuil au milieu de l'estrade; à droite du prince, et sur un fauteuil inférieur, s'est placé le prince Jérôme Bonaparte, président du sénat. Derrière, à droite et à gauche, étaient assis ses ministres.

L'assemblée étant debout et découverte, le prince Président a dit : « Messieurs, asseyez-vous. »

Debout et découvert, le prince a prononcé le discours suivant :

« Messieurs les sénateurs, messieurs les députés,

» La dictature que le peuple m'avait confiée cesse aujourd'hui. Les choses vont reprendre leur cours régulier. C'est avec un sentiment de satisfaction réelle que je viens proclamer ici la mise en vigueur de la constitution ; car ma préoccupation constante a été non-seulement de rétablir l'ordre, mais de le rendre durable, en dotant la France d'institutions appropriées à ses besoins.

» Il y a quelques mois à peine, vous vous en souvenez, plus je m'enfermais dans le cercle étroit de mes attributions, plus on s'efforçait de le rétrécir encore, afin de m'ôter le mouvement et l'action. Découragé souvent, je l'avoue, j'eus la pensée d'abandonner un pouvoir ainsi disputé. Ce qui me retint, c'est que je ne voyais pour me succéder qu'une chose : l'anarchie. Partout, en effet, s'exaltaient des passions ardentes à détruire, incapables de rien fonder. Nulle part ni une institution, ni un homme à qui se rattacher ; nulle part un droit incontesté, une organisation quelconque, un système réalisable.

» Aussi, lorsque, grâce au concours de quelques hommes courageux, grâce surtout à l'énergique attitude de l'armée, tous les périls furent conjurés en quelques heures, mon premier soin fut de demander au peuple des institutions. Depuis trop longtemps la société ressemblait à une pyramide qu'on aurait retournée et voulu faire reposer sur son sommet ; je l'ai replacée sur sa base. Le suffrage universel, seule source du droit dans de pareilles conjonctures, fut immédiatement rétabli ; l'autorité reconquit son ascendant ; enfin, la France adoptant les dispositions principales de la Constitution que je lui soumettais, il me fut permis de créer des corps politiques dont l'influence et la considération seront d'autant plus grandes, que leurs attributions auront été sagement réglées.

» Parmi les institutions politiques, en effet, celles-là seules ont de la durée, qui fixent d'une manière équitable la limite où chaque pouvoir doit s'arrêter. Il n'est pas d'autre moyen d'arriver à une application utile et bienfaisante de la liberté : les exemples n'en sont pas loin de nous.

» Pourquoi, en 1814, a-t-on vu avec satisfaction, en dépit de nos revers, inaugurer le régime parlementaire ? C'est que l'Empereur, ne craignons pas de l'avouer, avait été, à cause de la guerre, entraîné à un exercice trop absolu du pouvoir.

» Pourquoi, au contraire, en 1851, la France applaudit-elle à la chute de ce même régime parlementaire ? C'est que les Chambres avaient abusé de l'influence qui leur avait été donnée, et que, voulant tout dominer, elles compromettaient l'équilibre général.

» Enfin, pourquoi la France ne s'est-elle pas émue des restrictions apportées à la liberté de la presse et à la liberté individuelle ? C'est que l'une avait dégénéré en licence, et que l'autre, au lieu d'être l'exercice réglé du droit de chacun, avait, par d'odieux excès, menacé le droit de tous.

» Cet extrême danger, pour les démocraties surtout, de voir sans cesse des institutions mal définies sacrifier tour à tour le pouvoir ou la liberté, a été parfaitement apprécié par nos pères, il y a un demi-siècle, lorsqu'au sortir de la tourmente révolution-naire, et après le vain essai de toute espèce de régimes, ils proclamèrent la Constitution de l'an VIII, qui a servi de modèle à celle de 1852. Sans doute, elles ne sanctionnent pas toutes ces libertés, aux abus même desquelles nous étions habitués ; mais elles en consacrent aussi de bien réelles. Le lende-main des révolutions, la première des garanties pour un peuple ne consiste pas dans l'usage immo-déré de la tribune et de la presse : elle est dans le droit de choisir le gouvernement qui lui convient. Or, la nation française a donné, peut-être pour la première fois, au monde, le spectacle imposant d'un grand peuple votant en toute liberté la forme de son gouvernement.

» Ainsi le chef de l'État que vous avez devant vous est bien l'expression de la volonté populaire : et devant moi, que vois-je? deux Chambres, l'une élue en vertu de la loi la plus libérale qui existe au monde, l'autre nommée par moi, il est vrai ; mais indépendante aussi, parce qu'elle est inamovible.

» Autour de moi vous remarquez des hommes d'un patriotisme et d'un mérite reconnus, toujours prêts à m'appuyer de leurs conseils, à m'éclairer sur les be-soins du pays.

» Cette Constitution, qui, dès aujourd'hui, va être mise en pratique, n'est donc pas l'œuvre d'une vaine théorie ou du despotisme : c'est l'œuvre de l'expérience et de la raison. Vous m'aiderez, messieurs, à la consolider, à l'étendre, à l'améliorer.

» Je ferai connaître au sénat et au corps législatif l'exposé de la situation de la République. Ils y verront que partout la confiance a été rétablie, que partout le travail a repris ; et que, pour la première fois après un grand changement politique, la fortune publique s'est accrue au lieu de diminuer.

» Depuis quatre mois, il a été possible à mon Gouvernement d'encourager bien des entreprises utiles, de récompenser bien des services, de secourir bien des misères, de rehausser même la position de la plus grande partie des principaux fonctionnaires, et tout cela sans aggraver les impôts ou déranger les prévisions du budget, que nous sommes heureux de vous présenter en équilibre.

» De pareils faits et l'attitude de l'Europe, qui a accueilli avec satisfaction les changements survenus, nous donnent un juste espoir de sécurité pour l'avenir : car, si la paix est garantie au dedans, elle l'est également au dehors. Les puissances étrangères respectent notre indépendance, et nous avons tout intérêt à conserver avec elles les relations les plus amicales. Tant que l'honneur de la France ne sera pas engagé, le devoir du Gouvernement sera d'éviter avec soin toute cause de perturbation en Europe, et de tourner tous nos efforts vers les améliorations intérieures, qui peuvent seules procurer l'aisance aux classes laborieuses et assurer la prospérité du pays.

» Et maintenant, messieurs, au moment où vous

vous associez avec patriotisme à mes travaux, je veux vous exposer franchement quelle sera ma conduite.

» En me voyant rétablir les institutions et les souvenirs de l'Empire, on a répété souvent que je désirais rétablir l'Empire même. Si telle était ma préoccupation constante, cette transformation serait accomplie depuis longtemps : ni les moyens, ni les occasions ne m'ont manqué.

» Ainsi, en 1848, lorsque 6 millions de suffrages me nommèrent en dépit de la constituante, je n'ignorais pas que le simple refus d'acquiescer à la Constitution pouvait me donner un trône. Mais une élévation qui devait nécessairement entraîner de graves désordres ne me séduisit pas.

» Au 13 juin 1849, il m'était également facile de changer la forme du Gouvernement : je ne le voulus pas.

» Enfin, au 2 décembre, si des considérations personnelles l'eussent emporté sur les graves intérêts du pays, j'eusse d'abord demandé au peuple, qui ne l'eût pas refusé, un titre pompeux. Je me suis contenté de celui que j'avais.

» Lors donc que je puise des exemples dans le Consulat et l'Empire, c'est que là, surtout, je les trouve empreints de nationalité et de grandeur. Résolu aujourd'hui, comme avant, de faire tout pour la France, rien pour moi, je n'accepterais de modification à l'état présent des choses, que si j'y étais contraint par une nécessité évidente. D'où peut-elle naître? Uniquement de la conduite des partis. S'ils se résignent, rien ne sera changé. Mais si, par leurs sourdes menées, ils cherchaient à saper les bases de mon gouvernement; si, dans leur aveuglement, ils niaient la légitimité du résultat de l'élection populaire; si, enfin, ils venaient sans cesse, par leurs attaqués, mettre en question l'avenir du pays, alors, mais seulement alors, il pourrait être raisonnable de demander au peuple, au nom du repos de la France, un nouveau titre qui fixât irrévocablement sur ma tête le pouvoir dont il m'a revêtu. Mais ne nous préoccupons pas d'avance de difficultés qui n'ont sans doute rien de probable. Conservons la République; elle ne menace personne, elle peut rassurer tout le monde. Sous sa bannière, je veux inaugurer de nouveau une ère d'oubli et de conciliation, et j'appelle, sans distinction, tous ceux qui veulent franchement concourir avec moi au bien public.

» La Providence, qui jusqu'ici a si visiblement béni mes efforts, ne voudra pas laisser son œuvre inachevée; elle nous animera tous de ses inspirations, et nous donnera la sagesse et la force nécessaires pour consolider un ordre de choses qui assurera le bonheur de notre patrie et le repos de l'Europe. »

10 *mai* 1852. — Distribution des aigles.

Quand tous les drapeaux ont été distribués, les chefs de corps qui les portaient se sont rangés au pied de l'estrade faisant face au Prince, dans le même ordre où ils étaient placés primitivement à sa gauche.

Au signal donné par le ministre de la guerre, ils ont tous monté les gradins de l'estrade pour s'approcher du Prince, en s'arrêtant, suivant l'espace, les uns sur les marches, les autres sur le palier de l'escalier, pour entendre les paroles du chef de l'État.

Le prince Président a prononcé d'une voix forte et accentuée le discours suivant :

« Soldats !

» L'histoire des peuples est en grande partie l'histoire des armées. De leurs succès ou de leurs revers dépend le sort de la civilisation et de la patrie. Vaincues, c'est l'invasion ou l'anarchie ; victorieuses, c'est la gloire ou l'ordre.

» Aussi les nations comme les armées portent-elles une vénération religieuse à ces emblèmes de l'honneur militaire, qui résument en eux tout un passé de luttes et de triomphes.

» L'aigle romaine, adoptée par l'empereur Napoléon au commencement de ce siècle, fut la signification la plus éclatante de la régénération et de la grandeur de la France. Elle disparut dans nos malheurs ; elle devait revenir, lorsque la France, relevée de ses défaites, maîtresse d'elle-même, ne semblerait plus répudier sa propre gloire.

» Soldats !

» Reprenez donc ces aigles, non comme une menace contre les étrangers, mais comme le symbole de notre indépendance, comme le souvenir d'une époque héroïque, comme le signe de noblesse de chaque régiment.

» Reprenez ces aigles qui ont si souvent conduit nos pères à la victoire, et jurez de mourir, s'il le faut, pour les défendre. »

14 mai 1852. — Monseigneur le prince Président adresse l'allocution suivante aux délégués de l'armée :

« Officiers, sous-officiers et soldats !

» J'ai voulu, avant votre départ, vous adresser quelques paroles de félicitation et d'encouragement.

» Je tenais à vous dire combien j'avais été heureux, dans la dernière solennité, de me voir entouré des représentants de notre vaillante armée et de les assurer que mes sentiments d'estime et de sympathie étaient les mêmes pour tous les corps qui la composent.

» Il est bien des services sans doute, bien des mérites, demeurés sans récompense ; mais, croyez-le, le jour de la justice ne manquera pas de venir pour chacun.

» D'ailleurs, si ces récompenses sont un droit, elles ne sont ni à vos yeux ni aux miens le principal mobile. Ce qui fait votre force et votre gloire, c'est qu'en vous parlant d'honneur et de patrie, rien n'est impossible avec vous. Voilà le véritable mobile de l'armée, celui qui ne manquera jamais, celui sur lequel je compte!

» Rapportez avec orgueil à vos régiments ces étendards, symboles vénérés de notre gloire nationale, et sur lesquels se trouve écrite l'histoire de chaque régiment; je les confie à votre patriotisme. Dites à vos frères d'armes que ma pensée est toujours au milieu d'eux, que je suis toujours prêt à partager leurs dangers, comme je partage leur amour et leur dévouement pour la grandeur et pour la prospérité de la France. »

28 *juin* 1852. — Voici le message envoyé au corps législatif par le Prince :

« Messieurs,

» Au moment où la session de 1852 va se clore, je tiens à vous remercier de votre concours et du loyal appui que vous avez donné à nos institutions nouvelles. Vous avez su résister à ce qu'il y a de plus dangereux parmi des hommes réunis, l'entraînement de l'esprit de corps : et, toute susceptibilité écartée, vous vous êtes occupés des grands intérêts du pays, comprenant que le temps des discours passionnés et stériles était passé, que celui des affaires était venu. (Vive approbation.)

» L'application d'un nouveau système rencontre toujours des difficultés; vous en avez fait la part. Si le travail a semblé manquer à vos premières séances, vous avez compris que le désir d'abréger la durée

de ma dictature, et mon empressement à vous appeler autour de moi, en avaient été la cause, en
privant mon Gouvernement du temps nécessaire à
la préparation des lois qui devaient vous être soumises.

» La conséquence naturelle de cet état de choses
exceptionnel était l'accumulation des travaux à la
fin de la session. Néanmoins, la première épreuve
de la constitution, d'origine toute française, a dû
vous convaincre que nous possédions les conditions
d'un Gouvernement fort et libre.

» Le pouvoir n'est plus ce but immobile contre lequel les diverses oppositions dirigeaient impunément
leurs traits. (Très-bien! très-bien!) Il peut résister à
leurs attaques et désormais suivre un système sans
avoir recours à l'arbitraire ou à la ruse. (Assentiment marqué sur tous les bancs.) D'un autre côté, le
contrôle des assemblées est sérieux, car la discussion est libre et le vote de l'impôt décisif.

» Quant aux imperfections, que l'expérience aura
fait connaître, notre amour commun du bien public
tendra sans cesse à en affaiblir les inconvénients jusqu'à ce que le sénat ait prononcé. (Très-bien! très-
bien! très-bien!)

» Dans l'intervalle de la session, j'appliquerai
tous mes soins à rechercher les besoins du pays et à
préparer des projets qui permettent de diminuer les
charges de l'État sans rien compromettre des services publics. (Vive sensation.) A votre rentrée, je
vous ferai connaître le résultat de nos travaux et l'état

général des affaires par le message que la constitution m'oblige à vous adresser tous les ans.

» En retournant dans vos départements, soyez les échos fidèles du sentiment qui règne ici : la confiance dans la conciliation et la paix. (Émotion universelle.) Dites à vos commettants qu'à Paris, ce cœur de la France, ce centre révolutionnaire, qui répand tour à tour sur le monde la lumière ou l'incendie, vous avez vu un peuple immense s'appliquant à faire disparaître les traces des révolutions et se livrant avec joie au travail, avec sécurité à l'avenir. (Assentiment général.) Lui qui naguère, dans son délire, était impatient de tout frein, vous l'avez vu saluer avec acclamation le retour de nos aigles, symboles d'autorité et de gloire.

» A ce spectacle imposant, où la religion consacrait par ses bénédictions une grande fête nationale, vous avez remarqué son attitude respectueuse. Vous avez vu cette armée si fière, qui a sauvé le pays, se relever encore dans l'estime des hommes en s'agenouillant avec recueillement devant l'image de Dieu, présente au haut de l'autel. (Sensation profonde.)

» Cela veut dire qu'il y a en France un Gouvernement animé de la foi et de l'amour du bien, qui repose sur le peuple, source de tout pouvoir; sur l'armée, source de toute force; sur la religion, source de toute justice.

» Recevez l'assurance de mes sentiments.

» LOUIS-NAPOLÉON. »

1er *juillet* 1852. — Vers une heure de l'après-midi, le prince Président, en uniforme de général de division, accompagné de plusieurs de ses aides de camp et officiers d'ordonnance, et escorté par un détachement de carabiniers, s'est rendu de l'Élysée au palais des Tuileries. Il y a reçu les officiers de cinq régiments nouvellement arrivés pour faire partie de la garnison de Paris. Le Prince leur a adressé l'allocution suivante, qui a fait sur les auditeurs la plus vive impression, manifestée par les témoignages d'un profond et respectueux dévouement :

« Messieurs,

» En voyant les divers régiments qui composent l'armée se succéder dans la garnison de Paris, je suis heureux de constater qu'ils sont tous animés du même esprit de discipline et du même dévouement au pays. Partout où vous vous êtes trouvés, soit en Afrique, soit en France, votre conduite a mérité la reconnaissance publique, et, en vous appelant à Paris, j'ai voulu vous donner un témoignage particulier de satisfaction.

» Dans toute position élevée, comme celle où je me trouve, les soucis l'emportent sur les contentements. Il y a, néanmoins, au milieu des préoccupations et des travaux incessants, de véritables compensations : la première est celle du devoir accompli ; l'une des plus douces ensuite est, selon moi, de commander à une armée comme la nôtre ; de vivre de son passé, de son présent et de son avenir ; de s'identifier à ses besoins et à ses intérêts ; de savoir enfin qu'au jour du danger, on pourra toujours compter sur son concours énergique, parce qu'elle a l'honneur pour mobile.

» Soyez convaincus, messieurs, que pendant votre séjour à Paris je saisirai avec plaisir toutes les occasions de vous voir et de vous donner des preuves de mon affectueuse sollicitude. »

Nevers, 15 septembre 1852. — Le prince Président, depuis son départ, a été partout salué par les acclamations de *Vive l'Empereur!* M. Charles Dupin, en lui présentant le conseil général de la Nièvre, qu'il présidait pendant la dernière session, a rappelé le vœu émis unanimement par ses membres sur la stabilité du Gouvernement, et il a ajouté que la population entière venait aujourd'hui même de donner à ce vœu une éclatante sanction. Le Prince, après avoir remercié le conseil de la manifestation de ses sentiments, a terminé par ces paroles :

« Lorsqu'il s'agit de l'intérêt général, je m'efforce toujours de devancer l'opinion publique, mais je la suis lorsqu'il s'agit d'un intérêt qui peut sembler personnel. »

Lyon, 20 septembre 1852. — Discours du Prince Président lors de l'inauguration de la statue équestre de l'empereur :

« Lyonnais, votre ville s'est toujours associée par des incidents remarquables aux phases différentes de la vie de l'Empereur. Vous l'avez salué consul, lorsqu'il allait par delà les monts cueillir de nouveaux lauriers ; vous l'avez salué empereur tout-puissant : et lorsque l'Europe l'avait relégué dans une île, vous l'avez encore, des premiers, en 1815, salué empereur.

» De même aujourd'hui votre ville est la première qui lui élève une statue équestre. Ce fait a une signification. On n'élève des statues équestres qu'aux souverains qui ont régné ; aussi les gouvernements qui m'ont précédé ont-ils toujours refusé cet hommage à un pouvoir dont ils ne voulaient pas admettre la légitimité.

» Et cependant, qui fut plus légitime que l'Empereur, élu trois fois par le peuple, sacré par le chef de la religion, reconnu par toutes les puissances continentales de l'Europe, qui s'unirent à lui et par les liens de la politique et par les liens du sang ?

» L'Empereur fut le médiateur entre deux siècles ennemis ; il tua l'ancien régime en rétablissant tout ce que ce régime avait de bon ; il tua l'esprit révolutionnaire en faisant triompher partout les bienfaits de la révolution : voilà pourquoi ceux qui l'ont renversé eurent bientôt à déplorer leur triomphe. Quant à ceux qui l'ont défendu, ai-je besoin de rappeler combien ils ont pleuré sa chute ?

» Aussi, dès que le peuple s'est vu libre de son choix, il a jeté les yeux sur l'héritier de Napoléon, et, par la même raison, depuis Paris jusqu'à Lyon, sur tous les points de mon passage, s'est élevé le cri unanime de *Vive l'empereur !* Mais ce cri est bien plus, à mes yeux, un souvenir qui touche mon cœur, qu'un espoir qui flatte mon orgueil.

» Fidèle serviteur du pays, je n'aurai jamais qu'un but, c'est de reconstituer dans ce grand pays, si bouleversé par tant de commotions et par tant d'utopies, une paix basée sur la conciliation pour les hommes, sur l'inflexibilité des principes d'autorité, de morale, d'amour pour les classes laborieuses et souffrantes, de dignité nationale.

» Nous sortons à peine de ces moments de crise où, les notions du bien et du mal étant confondues, les meilleurs esprits se sont pervertis. La prudence et le patriotisme exigent que, dans de semblables moments, la nation se recueille avant de fixer ses destinées; et il est encore pour moi difficile de savoir sous quel nom je puis rendre les plus grands services.

» Si le titre modeste de Président pouvait faciliter la mission qui m'était confiée, et devant laquelle je n'ai pas reculé, ce n'est pas moi qui, par intérêt personnel, désirerais changer ce titre contre celui d'empereur.

» Déposons donc sur cette pierre notre hommage à un grand homme; c'est honorer à la fois la gloire de la France et la généreuse reconnaissance du peuple; c'est constater aussi la fidélité des Lyonnais à d'immortels souvenirs. »

24 septembre 1852. — Le Prince répond aux félicitations de monseigneur l'évêque de Viviers :

« Je suis heureux d'avoir pu m'arrêter quelques instants à Viviers ; c'est bien peu de séjourner ici une demi-heure, mais c'est beaucoup pour moi de venir demander une bénédiction de plus à un prélat aussi vertueux, au milieu de ce clergé éclairé, en présence de ces populations patriotiques, dont les acclamations me touchent profondément. »

Marseille, 26 *septembre* 1852. — Pose de la première pierre de la cathédrale de Marseille. — Après avoir posé la première pierre, le Prince a pris la parole, et au milieu du plus profond silence il a dit :

« Messieurs,

» Je suis heureux que cette occasion particulière me permette de laisser dans cette grande ville une trace de mon passage et que la pose de la première pierre de la cathédrale soit l'un des souvenirs qui se rattachent à ma présence parmi vous. Partout en effet où je le puis, je m'efforce de soutenir et de propager les idées religieuses, les plus sublimes de toutes, puisqu'elles guident dans la fortune et consolent dans l'adversité. Mon Gouvernement, je le dis avec orgueil, est peut-être le seul qui ait soutenu la religion pour elle-même ; il la soutient non comme instrument politique, non pour plaire à un parti, mais uniquement par conviction, et par amour du bien qu'elle inspire comme des vérités qu'elle enseigne.

» Lorsque vous irez dans ce temple appeler la pro-

tection du ciel sur les têtes qui vous sont chères,
sur les entreprises que vous avez commencées, rap-
pelez-vous celui qui a posé la première pierre de
cet édifice, et croyez que, s'identifiant à l'avenir de
cette grande cité, il entre par la pensée dans vos
prières et dans vos espérances. »

DISCOURS PRONONCÉ PAR LE PRINCE LOUIS-NAPOLÉON
A BORDEAUX, LE 9 OCTOBRE 1852.

« Messieurs,

» L'invitation de la chambre et du tribunal de
commerce de Bordeaux, que j'ai acceptée avec empressement, me fournit l'occasion de remercier votre
grande cité de son accueil si cordial, de son hospitalité si pleine de magnificence, et je suis bien aise
aussi, vers la fin de mon voyage, de vous faire part
des impressions qu'il m'a laissées.

» Le but de ce voyage, vous le savez, était de
connaître par moi-même nos belles provinces du
Midi, d'approfondir leurs besoins. Il a, toutefois,
donné lieu à un résultat beaucoup plus important.

» En effet, je le dis avec une franchise aussi éloi-
gnée de l'orgueil que d'une fausse modestie, jamais peuple n'a témoigné d'une manière plus directe, plus spontanée, plus unanime, la volonté de
s'affranchir des préoccupations de l'avenir, en con-
solidant dans la même main un pouvoir qui lui est

sympathique. C'est qu'il connaît, à cette heure, et les trompeuses espérances dont on le berçait et les dangers dont il était menacé. Il sait qu'en 1852 la société courait à sa perte, parce que chaque parti se consolait d'avance du naufrage général par l'espoir de planter son drapeau sur les débris qui pourraient surnager. Il me sait gré d'avoir sauvé le vaisseau en arborant seulement le drapeau de la France.

» Désabusé d'absurdes théories, le peuple a acquis la conviction que les réformateurs prétendus n'étaient que des rêveurs, car il y avait toujours inconséquence, disproportion entre leurs moyens et les résultats promis.

» Aujourd'hui la France m'entoure de ses sympathies, parce que je ne suis pas de la famille des idéologues. Pour faire le bien du pays, il n'est pas besoin d'appliquer de nouveaux systèmes; mais de donner, avant tout, confiance dans le présent, sécurité dans l'avenir. Voilà pourquoi la France semble vouloir revenir à l'Empire.

» Il est néanmoins une crainte à laquelle je dois répondre. Par esprit de défiance, certaines personnes se disent : l'Empire, c'est la guerre. Moi je dis : l'Empire, c'est la paix.

» C'est la paix, car la France le désire, et lorsque la France est satisfaite, le monde est tranquille. La gloire se lègue bien à titre d'héritage, mais non la guerre. Est-ce que les princes qui s'honoraient justement d'être les petits-fils de Louis XIV ont recommencé ses luttes? La guerre ne se fait pas par plaisir, elle se fait par nécessité; et, à ces époques de transition où partout, à côté de tant d'éléments de prospérité, germent tant de causes de mort, on peut dire avec vérité : Malheur à celui qui, le premier, donnerait en Europe le signal d'une collision, dont les conséquences seraient incalculables !

» J'en conviens, cependant, j'ai, comme l'Empereur, bien des conquêtes à faire. Je veux, comme lui, conquérir à la conciliation les partis dissidents et ramener dans le courant du grand fleuve populaire les dérivations hostiles qui vont se perdre sans profit pour personne.

» Je veux conquérir à la religion, à la morale, à l'aisance, cette partie encore si nombreuse de la population qui, au milieu d'un pays de foi et de croyance, connaît à peine les préceptes du Christ; qui, au sein de la terre la plus fertile du monde, peut à peine jouir de ses produits de première nécessité.

» Nous avons d'immenses territoires incultes à défricher, des routes à ouvrir, des ports à creuser, des rivières à rendre navigables, des canaux à terminer, notre réseau de chemins de fer à compléter. Nous avons, en face de Marseille, un vaste royaume à assimiler à la France. Nous avons tous nos grands ports de l'Ouest à rapprocher du continent américain par la rapidité de ces communications qui nous manquent encore. Nous avons partout enfin des ruines à relever, de faux dieux à abattre, des vérités à faire triompher.

» Voilà comment je comprendrais l'Empire, si l'Empire doit se rétablir. Telles sont les conquêtes que je médite, et vous tous qui m'entourez, qui voulez, comme moi, le bien de notre patrie, vous êtes mes soldats. »

16 *octobre* 1852. — Au retour de son voyage, le Prince s'est arrêté au château d'Amboise. Il s'y est fait présenter Abd-el-Kader, et lui a appris en ces termes la fin de sa captivité :

« Abd-el-Kader,

» Je viens vous annoncer votre mise en liberté. Vous serez conduit à Brousse, dans les États du sultan, dès que les préparatifs nécessaires seront faits, et vous y recevrez du Gouvernement français un traitement digne de votre ancien rang.

» Depuis longtemps, vous le savez, votre captivité me causait une peine véritable, car elle me rappelait sans cesse que le gouvernement qui m'a précédé n'avait pas tenu les engagéments pris envers un ennemi malheureux : et rien à mes yeux de plus humiliant pour le gouvernement d'une grande nation que de méconnaître sa force au point de manquer à sa promesse. La générosité est toujours la meilleure conseillère, et je suis convaincu que votre séjour en Turquie ne nuira pas à la tranquillité de nos possessions d'Afrique.

» Votre religion, comme la nôtre, apprend à se soumettre aux décrets de la Providence. Or, si la

France est maîtresse de l'Algérie, c'est que Dieu l'a voulu, et la nation ne renoncera jamais à cette conquête.

» Vous avez été l'ennemi de la France, mais je n'en rends pas moins justice à votre courage, à votre caractère, à votre résignation dans le malheur; c'est pourquoi je tiens à honneur de faire cesser votre captivité, ayant pleine foi dans votre parole. »

16 octobre 1852. — Retour à Paris. Réponse au discours de M. le préfet de la Seine.

« Je suis d'autant plus heureux des vœux que vous m'exprimez au nom de la ville de Paris, que les acclamations qui me reçoivent ici sont la continuation de celles dont j'ai été l'objet pendant mon voyage.

» Si la France veut l'Empire, c'est qu'elle pense que cette forme de gouvernement garantit mieux sa grandeur et son avenir.

» Quant à moi, sous quelque titre qu'il me soit donné de la servir, je lui consacrerai tout ce que j'ai de force, tout ce que j'ai de dévouement. »

4 novembre 1852. — La première séance du sénat a eu lieu aujourd'hui; elle a été ouverte par une communication du Gouvernement. M. le ministre d'État a lu le message suivant de S. A. I. le prince Président :

« Messieurs les sénateurs,

» La nation vient de manifester hautement sa volonté de rétablir l'Empire. Confiant dans votre patriotisme et vos lumières, je vous ai convoqués pour délibérer légalement sur cette grave question et vous remettre le soin de régler le nouvel ordre de choses. Si vous l'adoptez, vous penserez sans doute, comme moi, que la constitution de 1852 doit être maintenue, et alors les modifications reconnues indispensables ne toucheront en rien aux bases fondamentales.

» Le changement qui se prépare portera principalement sur la forme : et cependant reprendre le symbole impérial est pour la France d'une immense signification. En effet, dans le rétablissement de l'Empire, le peuple trouve une garantie à ses intérêts et une satisfaction à son juste orgueil : ce rétablissement garantit ses intérêts en assurant l'avenir, en fermant l'ère des révolutions, en consacrant encore les conquêtes de 89. Il satisfait son juste orgueil, parce que, relevant avec liberté et avec réflexion ce qu'il y a trente-sept ans l'Europe entière avait renversé par la force des armes au milieu des désastres de la patrie, le peuple venge noblement ses revers sans faire de victimes, sans menacer aucune indépendance, sans troubler la paix du monde.

» Je ne me dissimule pas néanmoins tout ce qu'il y a de redoutable à accepter aujourd'hui et à mettre sur sa tête la couronne de Napoléon ; mais ces appréhensions diminuent par la pensée que, représentant à tant de titres la cause du peuple et la volonté nationale, ce sera la nation qui, en m'élevant au trône, se couronnera elle-même.

» Fait au palais de Saint-Cloud, le 4 novembre 1852. »

———

7 *novembre* 1852. — Réponse au discours de M. Mesnard, vice-président du sénat, remettant à Son Altesse Impériale le sénatus-consulte relatif au rétablissement de l'Empire.

« Messieurs les sénateurs,

» Je remercie le sénat de l'empressement avec lequel il a répondu au vœu du pays, en délibérant sur le rétablissement de l'Empire et en rédigeant le sénatus-consulte qui doit être soumis à l'acceptation du peuple.

» Lorsqu'il y a quarante-huit ans, dans ce même palais, dans cette même salle et dans des circonstances analogues, le sénat vint offrir la couronne au chef de ma famille, l'Empereur répondit par ces paroles mémorables : *Mon esprit ne serait plus avec ma postérité du jour où elle cesserait de mériter l'amour et la confiance de la grande nation.*

» Eh bien ! aujourd'hui ce qui touche le plus mon cœur, c'est de penser que l'esprit de l'Empereur est avec moi, que sa pensée me guide, que son ombre me protége, puisque, par une démarche solennelle, vous venez, au nom du peuple français, me prouver que j'ai mérité la confiance du pays. Je n'ai pas besoin de vous dire que ma préoccupation constante sera de travailler avec vous à la grandeur et à la prospérité de la France. »

---

25 *novembre* 1852. — Message au Corps législatif.

« Messieurs les députés,

» Je vous ai rappelés de vos départements pour vous associer au grand acte qui va s'accomplir. Quoique le sénat et le peuple aient seuls le droit de modifier la Constitution, j'ai voulu que le corps politique issu comme moi du suffrage universel vînt attester au monde la spontanéité du mouvement national qui me porte à l'empire. Je tiens à ce que ce soit vous qui, en constatant la liberté du vote et le nombre des suffrages, fassiez sortir de votre déclaration toute la légitimité de mon pouvoir. Aujourd'hui, en effet, déclarer que l'autorité repose sur un droit incontestable, c'est lui donner la force nécessaire pour fonder quelque chose de durable et assurer la prospérité du pays.

» Le Gouvernement, vous le savez, ne fera que changer de forme. Dévoué aux grands intérêts que l'intelligence enfante et que la paix développe, il se contiendra, comme dans le passé, dans les limites de la modération ; car le succès n'enfle jamais d'orgueil l'âme de ceux qui ne voient dans leur élévation nouvelle qu'un devoir plus grand imposé par le peuple, qu'une mission plus élevée confiée par la Providence.

» Fait au palais de Saint-Cloud, le 25 novembre 1852.

» Signé LOUIS-NAPOLÉON. »

Paris, 1er décembre 1852. — Aujourd'hui, à huit heures et demie, tous les membres du corps législatif, ayant à leur tête M. Billault, président, et les membres du bureau, se sont rendus, escortés par un escadron de cavalerie, au palais de Saint-Cloud. Ils avaient été précédés par tous les membres du sénat ayant à leur tête M. Mesnard, premier vice-président, et les membres du bureau. MM. les conseillers d'Etat s'étaient également rendus à Saint-Cloud.

A neuf heures moins un quart, l'Empereur, accompagné du prince Jérôme, son oncle, et du prince Napoléon Bonaparte, précédé de M. le comte Bacciochi, maître des cérémonies, de M. Feuillet de Conches, maître des cérémonies adjoint, de ses aides de camp et de ses officiers d'ordonnance, et suivi de tous ses ministres et de M. Baroche, vice-président du conseil d'État, membre du conseil des ministres, s'est rendu dans la grande galerie, où un trône avait été placé sur une estrade, au fond de la salle.

Derrière le trône se trouvaient MM. les conseillers

d'État ; la maison militaire de l'Empereur a pris sa place un peu en avant ; Sa Majesté, ayant à sa droite le prince Jérôme et à sa gauche le prince Napoléon Bonaparte, derrière elle tous ses ministres, s'est placée en avant du trône.

M. le président du corps législatif et M. le vice-président du sénat prennent successivement la parole. L'Empereur leur répond :

« Messieurs,

» Le nouveau règne que vous inaugurez aujourd'hui n'a pas pour origine, comme tant d'autres dans l'histoire, la violence, la conquête ou la ruse. Il est, vous venez de le déclarer, le résultat légal de la volonté de tout un peuple, qui consolide, au milieu du calme, ce qu'il avait fondé au sein des agitations. Je suis pénétré de reconnaissance envers la nation, qui, trois fois en quatre années, m'a soutenu de ses suffrages, et chaque fois n'a augmenté sa majorité que pour accroître mon pouvoir.

» Mais plus le pouvoir gagne en étendue et en force vitale, plus il a besoin d'hommes éclairés comme ceux qui m'entourent chaque jour, d'hommes indépendants comme ceux auxquels je m'adresse pour m'aider de leurs conseils, pour ramener mon autorité dans de justes limites, si elle pouvait s'en écarter jamais.

» Je prends dès aujourd'hui, avec la couronne, le nom de Napoléon III, parce que la logique du peuple me l'a déjà donné dans ses acclamations,

parce que le sénat l'a proposé légalement, et parce-
que la nation entière l'a ratifié.

» Est-ce à dire cependant qu'en acceptant ce titre
je tombe dans l'erreur reprochée au prince qui,
revenant de l'exil, déclara nul et non avenu tout
ce qui s'était fait en son absence? Loin de moi un
semblable égarement! Non-seulement je reconnais
les gouvernements qui m'ont précédé, mais j'hérite
en quelque sorte de ce qu'ils ont fait de bien ou de
mal ; car les gouvernements qui se succèdent sont,
malgré leurs origines différentes, solidaires de leurs
devanciers. Mais, plus j'accepte tout ce que depuis
cinquante ans l'histoire nous transmet avec son in-
flexible autorité, moins il m'était permis de passer
sous silence le règne glorieux du chef de ma famille,
et le titre régulier, quoique éphémère, de son fils,
que les chambres proclamèrent dans le dernier élan
du patriotisme vaincu. Ainsi donc, le titre de Napoléon III n'est pas une de ces prétentions dynastiques et surannées qui semblent une insulte au bon
sens et à la vérité ; c'est l'hommage rendu à un gouvernement qui fut légitime, et auquel nous devons
les plus belles pages de notre histoire moderne. Mon
règne ne date pas de 1845, il date de ce moment
même où vous venez me faire connaître les suffrages
de la nation.

» Recevez donc mes remercîments, messieurs les
députés, pour l'éclat que vous avez donné à la manifestation de la volonté nationale, en la rendant
plus évidente par votre contrôle, plus imposante par

votre déclaration. Je vous remercie aussi, messieurs les sénateurs, d'avoir voulu être les premiers à m'adresser vos félicitations, comme vous avez été les premiers à formuler le vœu populaire.

» Aidez-moi tous à asseoir sur cette terre bouleversée par tant de révolutions un gouvernement stable qui ait pour bases la religion, la justice, la probité, l'amour des classes souffrantes.

» Recevez ici le serment que rien ne me coûtera pour assurer la prospérité de la patrie, et que, tout en maintenant la paix, je ne céderai rien de tout ce qui touche à l'honneur et à la dignité de la France. »

Les plus vives acclamations ont plusieurs fois interrompu Sa Majesté, et, à la fin du discours, la salle a retenti des cris enthousiastes de *Vive l'Empereur! vive Napoléon III!*

L'Empereur, en quittant la salle, a de nouveau remercié avec effusion M. Mesnard et M. Billault, et s'est rendu dans ses appartements avec le cérémonial qui avait été observé à son entrée.

FIN.

ANNÉE 1853.

DISCOURS ET PROCLAMATIONS.

ANNÉE 1853.

---

22 *janvier*. — Communication de l'Empereur au
bureau du Sénat, du Corps législatif et au Conseil
d'État relative à son mariage.

Presque tous les membres du Sénat, parmi lesquels se trouvent MM. les maréchaux, les amiraux, monseigneur l'archevêque de Paris, MM. les
membres du Corps législatif, dont une grande partie
se trouve à Paris, se sont joints aux membres de
leurs bureaux et sont réunis à midi un quart dans
la salle du Trône.

A midi et demi, le Grand Maître des cérémonies
annonce : L'EMPEREUR. Sa Majesté en costume
de lieutenant général, précédée des grands officiers
de sa maison, accompagnée de LL. AA. II. le
prince Jérôme et le prince Napoléon et de ses
Ministres, entre dans la salle.

L'Empereur, debout en avant du trône, prononce
le discours suivant :

17.

« Messieurs,

» Je me rends au vœu si souvent manifesté par le pays, en venant vous annoncer mon mariage.

» L'union que je contracte n'est pas d'accord avec les traditions de l'ancienne politique ; c'est là son avantage.

» La France, par ses révolutions successives, s'est toujours brusquement séparée du reste de l'Europe ; tout gouvernement sensé doit chercher à la faire rentrer dans le giron des vieilles monarchies ; mais ce résultat sera bien plus sûrement atteint par une politique droite et franche, par la loyauté des transactions, que par des alliances royales, qui créent de fausses sécurités et substituent souvent l'intérêt de famille à l'intérêt national. D'ailleurs, les exemples du passé ont laissé dans l'esprit du peuple des croyances superstitieuses ; il n'a pas oublié que depuis soixante-dix ans les princesses étrangères n'ont monté les degrés du trône que pour voir leur race dispersée et proscrite par la guerre ou par la révolution. Une seule femme a semblé porter bonheur et vivre plus que les autres dans le souvenir du peuple, et cette femme, épouse modeste et bonne du général Bonaparte, n'était pa issue d'un sang royal.

» Il faut cependant le reconnaître ; en 1810, le mariage de Napoléon Ier avec Marie-Louise fut un grand événement : c'était un gage pour l'avenir, une véritable satisfaction pour l'orgueil national, puisqu'on voyait l'antique et illustre maison d'Autriche, qui nous avait si longtemps fait la guerre, briguer l'alliance du chef élu d'un nouvel empire. Sous le dernier règne, au contraire, l'amour-propre du pays n'a-t-il pas eu à souffrir lorsque l'héritier de la couronne sollicitait infructueusement, pendant plusieurs années, l'alliance d'une maison souveraine, et obtenait enfin une princesse accomplie sans doute, mais seulement dans des rangs secondaires et dans une autre religion?

» Quand, en face de la vieille Europe, on est porté par la force d'un nouveau principe à la hauteur des anciennes dynasties, ce n'est pas en vieillissant son blason et en cherchant à s'introduire à tout prix dans la famille des rois qu'on se fait accepter. C'est bien plutôt en se souvenant toujours de son origine, en conservant son caractère propre, et en prenant franchement vis-à-vis de l'Europe la position de parvenu, titre glorieux lorsqu'on parvient par le libre suffrage d'un grand peuple.

» Ainsi, obligé de s'écarter des précédents suivis jusqu'à ce jour, mon mariage n'était plus qu'une affaire privée. Il restait seulement le choix de la personne. Celle qui est devenue l'objet de ma préférence est d'une naissance élevée. Française par le cœur, par l'éducation, par le souvenir du sang que versa son père pour la cause de l'Empire, elle a, comme Espagnole, l'avantage de ne pas avoir en France de famille à laquelle il faille donn-

honneurs et dignités. Douée de toutes les qualités de l'âme, elle sera l'ornement du trône, comme au jour du danger elle deviendrait un de ses courageux appuis. Catholique et pieuse, elle adressera au ciel les mêmes prières que moi pour le bonheur de la France ; gracieuse et bonne, elle fera revivre dans la même position, j'en ai le ferme espoir, les vertus de l'Impératrice Joséphine.

» Je viens donc, Messieurs, dire à la France : J'ai préféré une femme que j'aime et que je respecte à une femme inconnue dont l'alliance eût eu des avantages mêlés de sacrifices. Sans témoigner de dédain pour personne, je cède à mon penchant, mais après avoir consulté ma raison et mes convictions. Enfin, en plaçant l'indépendance, les qualités du cœur, le bonheur de famille au-dessus des préjugés dynastiques et des calculs de l'ambition, je ne serai pas moins fort, puisque je serai plus libre.

» Bientôt, en me rendant à Notre-Dame, je présenterai l'Impératrice au peuple et à l'armée ; la confiance qu'ils ont en moi assure leur sympathie à celle que j'ai choisie, et vous, Messieurs, en apprenant à la connaître, vous serez convaincus que cette fois encore j'ai été inspiré par la Providence. »

---

28 *janvier*. — Séance de la Commission municipale de la ville de Paris.

A l'ouverture de la séance, M. le Préfet de la Seine a donné lecture de la lettre suivante que lui a adressée S. E. la comtesse de Téba, aussitôt qu'elle a eu connaissance de la résolution prise par le Conseil municipal de lui offrir une parure de diamants :

« Monsieur le Préfet,

» Je suis bien touchée d'apprendre la généreuse décision du Conseil municipal de Paris, qui manifeste ainsi son adhésion sympathique à l'union que l'Empereur contracte. J'éprouve néanmoins un sentiment pénible en pensant que le premier acte public qui s'attache à mon nom au moment de mon mariage soit une dépense considérable pour la ville de Paris. Permettez-moi donc de ne point accepter votre don, quelque flatteur qu'il soit pour moi ; vous me rendrez plus heureuse en employant en charités la somme que vous aviez fixée pour l'achat de la parure que le Conseil municipal voulait m'offrir. Je désire que mon mariage ne soit l'occasion d'aucune charge nouvelle pour le pays auquel j'appartiens désormais ; et la seule chose que j'ambitionne c'est de partager avec l'Empereur l'amour et l'estime du peuple français.

» Je vous prie, Monsieur le Préfet, d'exprimer à votre Conseil toute ma reconnaissance, et de recevoir pour vous l'assurance de mes sentiments distingués.

» EUGÉNIE, comtesse de Téba.

» Palais de l'Élysée, le 26 janvier 1853. »

14 février. — L'Empereur a fait en personne, au palais des Tuileries, dans la salle des Maréchaux, l'ouverture de la session législative, et reçu le serment de MM. les membres du Sénat et du Corps législatif, en présence de LL. AA. II. le Prince Jérôme-Napoléon, le Prince Napoléon, et de S. A. le Prince Lucien Bonaparte et des membres du Corps diplomatique, des Ministres, du Conseil d'État, des députations du clergé, des cours, des tribunaux et de l'armée.

L'Empereur, debout, a prononcé le discours suivant :

« Messieurs les Sénateurs,

» Messieurs les Députés,

» Il y a un an, je vous réunissais dans cette enceinte pour inaugurer la Constitution, promulguée en vertu des pouvoirs que le peuple m'avait conférés. Depuis cette époque, le calme n'a pas été troublé. La loi, en reprenant son empire, a permis de rendre à leurs foyers la plupart des hommes frappés par une rigueur nécessaire. La richesse nationale s'est élevée à un tel point que la partie de la fortune mobilière, dont on peut chaque jour apprécier la valeur, s'est accrue, à elle seule, de deux milliards environ.

» L'activité du travail s'est développée dans toutes les industries; les mêmes progrès se réalisent en Afrique, où notre armée vient de se distinguer par des succès héroïques. La forme du gouvernement s'est modifiée légalement et sans secousse par le libre suffrage du peuple. De grands travaux ont été entrepris sans la création d'aucun impôt et sans emprunt. La paix a été maintenue sans faiblesse. Toutes les puissances ont reconnu le nouveau Gouvernement. La France a aujourd'hui des institutions qui peuvent se défendre d'elles-mêmes, et dont la stabilité ne dépend pas de la vie d'un homme.

» Ces résultats n'ont pas coûté de grands efforts, parce qu'ils étaient dans l'esprit et dans les intérêts de tous. A ceux qui méconnaîtraient leur importance, je répondrais qu'il y a quatorze mois à peine le pays était livré aux hasards de l'anarchie. A ceux qui regretteraient qu'une part plus large n'ait pas été faite à la liberté, je répondrais : La liberté n'a jamais aidé à fonder d'édifice politique durable : elle le couronne quand le temps l'a consolidé. N'oublions pas d'ailleurs que, si l'immense majorité du pays a confiance dans le présent et foi dans l'avenir, il reste toujours des individus incorrigibles qui, oublieux de leur propre expérience, de leurs terreurs passées, de leurs désappointements, s'obstinent à ne tenir aucun compte de la volonté nationale, nient impudemment la réalité des faits, et au milieu d'une mer qui s'apaise chaque jour davantage, appellent des tempêtes qui les engloutiraient les premiers.

» Ces menées occultes des divers partis ne servent

à chaque occasion qu'à constater leur impuissance, et le Gouvernement, au lieu de s'en inquiéter, songe avant tout à bien administrer la France et à rassurer l'Europe. Dans ce double but, il a la ferme volonté de diminuer les dépenses et les armements, de consacrer à des applications utiles toutes les ressources du pays, d'entretenir loyalement les rapports internationaux, afin de prouver aux plus incrédules que lorsque la France exprime l'intention formelle de demeurer en paix il faut la croire, car elle est assez forte pour ne craindre, et, par conséquent, pour ne tromper personne.

» Vous verrez, Messieurs, par le budget qui sera présenté, que notre position financière n'a jamais été meilleure depuis vingt années, et que les revenus publics ont augmenté au delà de toutes les prévisions.

» Néanmoins l'effectif de l'armée, déjà réduit de trente mille hommes dans le cours de l'année dernière, va l'être immédiatement encore de vingt mille.

» La plupart des lois qu'on vous présentera ne sortiront pas du cercle des exigences accoutumées, c'est là l'indice le plus favorable de notre situation. Les peuples sont heureux quand les Gouvernements n'ont pas besoin de recourir à des mesures extraordinaires.

» Remercions donc la Providence de la protection visible qu'elle a accordée à nos efforts ; persévérons dans cette voie de fermeté et de modération, qui rassure sans irriter, qui conduit au bien sans violence, et prévient ainsi toute réaction. Comptons toujours sur Dieu et sur nous-mêmes comme sur l'appui mutuel que nous nous devons, et soyons fiers de voir en si peu de temps ce grand pays pacifié, prospère au dedans, honoré au dehors. »

---

28 *mars.* — L'Empereur donne audience, au palais des Tuileries, à une députation du haut commerce de la cité de Londres.

Sir James Duke, président de la députation, a pris la parole pour présenter à l'Empereur une déclaration du commerce de la capitale de l'empire britannique, renfermant l'expression des sentiments d'amitié et de respect dont ses membres sont animés à l'égard du commerce français.

L'Empereur a répondu en anglais :

« Je suis extrêmement touché de cette manifestation. Elle me fortifie dans la confiance que m'a toujours inspirée le bon sens de la nation anglaise. Pendant le long séjour que j'ai fait en Angleterre, j'ai admiré la liberté dont elle jouit, grâce à la perfection de ses institutions. Un moment cependant j'ai craint, l'année dernière, que l'opinion ne fût égarée sur le véritable état de la France et sur ses sentiments envers la Grande-Bretagne. Mais on ne trompe pas longtemps la bonne foi d'un grand peuple, et la démarche que vous faites près de moi en est une preuve éclatante. Depuis que je suis au pouvoir, mes efforts tendent constamment à développer la prospérité de la France. Je connais ses intérêts : ils ne sont pas différents de ceux de toutes les autres nations civilisées. Comme vous je veux la paix, et, pour l'affermir, je veux comme vous resserrer les liens qui unissent nos deux pays. »

29 *mars.* — L'Empereur donne audience, au palais des Tuileries, aux membres de la députation de la Compagnie anglaise pour la jonction des deux océans Atlantique et Pacifique.

Sir Charles Fox, président de la députation, a prononcé en anglais un discours auquel Sa Majesté a répondu dans la même langue en ces termes :

« J'ai appris, Messieurs, avec le plus vif intérêt, la nouvelle de la formation d'une compagnie importante pour la réunion des deux océans. Je ne doute pas que vous ne réussissiez dans cette entreprise qui doit rendre de si grands services au commerce du monde entier, puisque la compagnie compte à sa tête des hommes si distingués. J'apprécie depuis longtemps tous les avantages de la réunion des deux mers; car, étant en Angleterre, j'ai tâché d'attirer sur ce sujet l'attention des hommes de science. Vous pouvez donc être assurés, Messieurs, que vous trouverez en moi tout l'appui que méritent vos nobles efforts. »

Le compte rendu des travaux de la Compagnie et les plans de ses ingénieurs ont été mis sous les yeux de l'Empereur. Sa Majesté les a examinés avec une attention particulière. Sir Charles Fox a présenté ensuite individuellement les membres de la députation, auxquels l'Empereur a adressé les paroles les plus bienveillantes; et, en se retirant, Sa Majesté a dit :

« Je suis heureux d'avoir reçu votre honorable députation après celle du haut commerce de Londres, elle m'a exprimé hier les plus sympathiques sentiments pour le maintien de la paix, sentiments qui n'ont jamais cessé d'être les miens. »

---

17 *avril.* — L'Empereur remet la barrette à S. E. le cardinal Morlot, archevêque de Tours.

Mgr l'Allégat, porteur de la barrette, a été conduit à l'audience de l'Empereur dans le cabinet de Sa Majesté, où se trouvaient réunis les Princes de la famille impériale, les ministres et les officiers de service.

Mgr l'Allégat a prononcé en latin un discours auquel Sa Majesté a répondu en ces termes :

« Monseigneur,

» C'est toujours une occasion solennelle pour moi que la remise de la barrette à un prélat distingué, et que d'être ainsi l'intermédiaire des grâces du Saint-Père. Je suis bien aise que Sa Sainteté vous ait choisi pour remplir cette honorable mission. Je vous remercie de la manière dont vous appréciez mes sentiments pour la religion catholique et mes efforts pour rétablir partout la paix et la concorde. Je vous prie, à votre retour à Rome, d'être auprès du Saint-Père l'interprète de mes sentiments de vénération et d'attachement. »

Après la célébration de la messe, le nouveau Cardinal, revêtu de ses habits de pourpre, a été conduit dans le salon de Louis XIV et a prononcé un discours auquel Sa Majesté a répondu :

« Éminence,

» L'une des obligations les plus nobles du pouvoir est de rechercher le mérite ; l'une de ses plus douces prérogatives est de l'honorer. J'éprouve surtout ce sentiment lorsqu'il m'est permis de désigner au Saint-Père ceux des prélats sur lesquels je désire davantage appeler sa préférence. C'est un spectacle consolant que de voir l'accord qui règne toujours, depuis le concordat, entre le pouvoir temporel et le pouvoir spirituel, pour consacrer le choix des hommes les plus dignes dans le clergé.

» Votre Éminence, si connue par ses vertus chrétiennes et par l'esprit de conciliation qui l'ont distinguée jusqu'à ce jour, continuera, j'en suis convaincu, à maintenir dans l'Église cette unité qui est sa plus grande force, et à accroître par son exemple l'influence d'une religion qui ne veut d'autres armes que la persuasion, et dont l'esprit de charité offre sans cesse des lumières à l'erreur, un refuge au repe tir. »

---

15 août. — Réceptions à l'occasion de la fête du 15 août.

L'Empereur, après avoir reçu les félicitations du Corps diplomatique, a dit à S. E. l'ambassadeur d'Angleterre, en lui prenant la main :

« Je remercie le Corps diplomatique de ses félicitations. Ce qui pouvait m'être le plus agréable aujourd'hui, c'est de voir la paix de l'Europe consolidée, du moins je la considère comme telle, sans qu'il en coûte rien à la dignité et à l'amour-propre d'aucune nation. »

---

20 septembre. — L'Empereur adresse aux troupes réunies au camp de Satory le discours suivant :

« Officiers, Sous-Officiers et Soldats,

» Au moment où l'on va lever le camp de Satory, je veux vous témoigner toute ma satisfaction.

» Les trois divisions qui s'y sont succédé ont montré cet esprit de discipline, de confraternité, cet amour du métier des armes qui entretiennent l'esprit militaire, si nécessaire à une grande nation. En effet, dans les temps difficiles, qui a soutenu les empires, si ce n'est ces réunions d'hommes armés tirés du peuple, façonnés à la discipline, animés du sentiment du devoir, et qui conservent au milieu de la paix, où généralement l'égoïsme et l'intérêt finissent par tout énerver, ce dévouement à la patrie fondé sur l'abnégation de soi-même; cet amour de la gloire fondé sur le mépris des richesses?

» Voilà ce qui a toujours fait des armées le sanctuaire de l'honneur. Aussi tant que la paix dure, il existe une communauté de sentiments, je dirai même une sorte d'esprit de corps, entre nous et les armées étrangères. Nous aimons et nous estimons ceux qui chez eux sentent et agissent comme nous; et tant que la politique ne les change pas en ennemis, nous sommes heureux de les accueillir comme camarades et comme frères.

» Recevez, mes amis, avec mes éloges pour votre bonne conduite, mes remercîments pour les marques d'attachement que vous me donnez, ainsi qu'à l'Impératrice. Comptez sur mon affection, et, croyez-le bien, après l'honneur d'avoir été élu trois fois par un peuple tout entier, rien ne peut me rendre plus fier que de commander à des hommes tels que vous. »

ANNÉE 1854.

DISCOURS ET PROCLAMATIONS.

ANNÉE 1854.

29 *janvier*. — L'Empereur adresse la lettre suivante à l'Empereur Nicolas :

« Palais des Tuileries, le 29 janvier 1854.

» Sire,

» Le différend qui s'est élevé entre Votre Majesté et la Porte Ottomane en est venu à un tel point de gravité, que je crois devoir expliquer moi-même directement à Votre Majesté la part que la France a prise dans cette question et les moyens que j'entrevois d'écarter les dangers qui menacent le repos de l'Europe.

» La note que Votre Majesté vient de faire remettre à mon gouvernement et à celui de la reine Victoria tend à établir que le système de pression adopté dès le début par les deux puissances maritimes a seul envenimé la question. Elle aurait, au contraire, ce me semble, continué à demeurer une

18.

question de cabinet, si l'occupation des principautés ne l'avait transportée tout à coup du domaine de la discussion dans celui des faits. Cependant les troupes de Votre Majesté une fois entrées en Valachie, nous n'en avons pas moins engagé la Porte à ne pas considérer cette occupation comme un cas de guerre, témoignant ainsi notre extrême désir de conciliation. Après m'être concerté avec l'Angleterre, l'Autriche et la Prusse, j'ai proposé à Votre Majesté une note destinée à donner une satisfaction commune ; Votre Majesté l'a acceptée. Mais à peine étions-nous avertis de cette bonne nouvelle, que son ministre, par des commentaires explicatifs, en détruisait tout l'effet conciliant, et nous empêchait par là d'insister à Constantinople sur son adoption pure et simple. De son côté, la Porte avait proposé au projet de note des modifications que les quatre puissances représentées à Vienne ne trouvèrent pas inacceptables. Elles n'ont pas eu l'agrément de Votre Majesté. Alors la Porte, blessée dans sa dignité, menacée dans son indépendance, obérée par les efforts déjà faits pour opposer une armée à celle de Votre Majesté, a mieux aimé déclarer la guerre que de rester dans cet état d'incertitude et d'abaissement. Elle avait réclamé notre appui ; sa cause nous paraissait juste : les escadres anglaise et française reçurent l'ordre de mouiller dans le Bosphore.

» Notre attitude vis-à-vis de la Turquie était protectrice, mais passive. Nous ne l'encouragions pas à la guerre. Nous faisions sans cesse parvenir aux oreilles du Sultan des conseils de paix et de modération, persuadés que c'était le moyen d'arriver à un accord; et les quatre puissances s'entendirent de nouveau, pour soumettre à Votre Majesté d'autres propositions. Votre Majesté, de son côté, montrant le calme qui naît de la conscience de sa force, s'était bornée à repousser, sur la rive gauche du Danube comme en Asie, les attaques des Turcs, et, avec la modération digne du chef d'un grand empire, Elle avait déclaré qu'Elle se tiendrait sur la défensive. Jusque-là nous étions donc, je dois le dire, spectateurs intéressés, mais simples spectateurs de la lutte, lorsque l'affaire de Sinope vint nous forcer à prendre une position plus tranchée. La France et l'Angleterre n'avaient pas cru utile d'envoyer des troupes de débarquement au secours de la Turquie. Leur drapeau n'était donc pas engagé dans les conflits qui avaient lieu sur terre; mais sur mer, c'était bien différent. Il y avait à l'entrée du Bosphore trois mille bouches à feu dont la présence disait assez haut à la Turquie que les deux premières puissances maritimes ne permettraient pas de l'attaquer sur mer. L'événement de Sinope fut pour nous aussi blessant qu'inattendu. Car peu importe que les Turcs aient voulu ou non faire passer des munitions de guerre sur le territoire russe. En fait, des vaisseaux russes sont venus attaquer des bâtiments turcs dans les eaux de la Turquie et mouillés tranquillement dans un port turc ; ils les ont détruits, malgré l'assurance de ne pas faire une guerre agressive, malgré le voisinage de nos escadres. Ce n'était plus notre politique qui recevait là un échec, c'était notre honneur militaire. Les coups de canon de Sinope ont retenti douloureusement dans le cœur de tous ceux qui en Angleterre et en France ont un vif sentiment de la dignité nationale. On s'est écrié d'un commun accord : Partout où nos canons peuvent atteindre, nos alliés doivent être respectés. De là l'ordre donné à nos escadres d'entrer dans la mer Noire, et d'empêcher par la force, s'il le fallait, le retour d'un semblable événement. De là la notification collective envoyée au cabinet de Saint-Pétersbourg pour lui annoncer que, si nous empêchions les Turcs de porter une guerre agressive sur les côtes appartenant à la Russie, nous protégerions le ravitaillement de leurs troupes sur leur propre territoire. Quant à la flotte russe, en lui interdisant la navigation de la mer Noire, nous la placions dans des conditions différentes, parce qu'il importait, pendant la durée de la guerre, de conserver un gage qui pût être l'équivalent des parties occupées du territoire turc, et faciliter la conclusion de la paix en devenant le titre d'un échange désirable.

» Voilà, sire, la suite réelle et l'enchaînement des faits. Il est clair qu'arrivés à ce point, ils doivent amener promptement ou une entente définitive ou une rupture décidée.

» Votre Majesté a donné tant de preuves de sa

sollicitude pour le repos de l'Europe, Elle y a contribué si puissamment par son influence bienfaisante contre l'esprit de désordre, que je ne saurais douter de sa résolution dans l'alternative qui se présente à son choix. Si Votre Majesté désire autant que moi une conclusion pacifique, quoi de plus simple que de déclarer qu'un armistice sera signé aujourd'hui, que les choses reprendront leur cours diplomatique, que toute hostilité cessera, et que toutes les forces belligérantes se retireront des lieux où des motifs de guerre les ont appelées ?

» Ainsi les troupes russes abandonneraient les principautés, et nos escadres la mer Noire. Votre Majesté préférant traiter directement avec la Turquie, Elle nommerait un ambassadeur qui négocierait avec un plénipotentiaire du Sultan une convention qui serait soumise à la conférence des quatre puissances. Que Votre Majesté adopte ce plan, sur lequel la Reine d'Angleterre et moi sommes parfaitement d'accord, la tranquillité est rétablie et le monde satisfait. Rien en effet dans ce plan qui ne soit digne de Votre Majesté, rien qui puisse blesser son honneur. Mais si, par un motif difficile à comprendre, Votre Majesté opposait un refus, alors la France, comme l'Angleterre, serait obligée de laisser au sort des armes et aux hasards de la guerre ce qui pourrait être décidé aujourd'hui par la raison et la justice.

» Que Votre Majesté ne pense pas que la moindre animosité puisse entrer dans mon cœur ; il n'éprouve d'autres sentiments que ceux exprimés par Votre Majesté Elle-même dans sa lettre du 17 janvier 1853, lorsqu'Elle m'écrivait : « Nos relations doivent être » sincèrement amicales, reposer sur les mêmes » intentions : maintien de l'ordre, amour de la » paix, respect aux traités et bienveillance réci- » proque. » Ce programme est digne du souverain qui le traçait, et, je n'hésite pas à l'affirmer, j'y suis resté fidèle.

» Je prie Votre Majesté de croire à la sincérité de mes sentiments, et c'est dans ces sentiments que je suis,

» Sire,

» De Votre Majesté,

» Le bon ami,

» NAPOLÉON. »

---

2 mars. — L'Empereur a fait en personne, au palais des Tuileries, dans la salle des Maréchaux, l'ouverture de la session législative pour l'année 1854, et a reçu le serment de ceux de MM. les membres du Sénat nommés et du Corps législatif élus depuis la dernière session, en présence de LL. AA. II. le Prince Jérôme-Napoléon, le Prince Napoléon, et de LL. AA. les Princes Louis-Lucien Bonaparte et Lucien Murat, et des membres du

Corps diplomatique, des Ministres, du Conseil d'État, des députations des Cours et Tribunaux et de l'armée.

L'Empereur a prononcé le discours suivant :

« MESSIEURS LES SÉNATEURS,

« MESSIEURS LES DÉPUTÉS,

» Depuis votre dernière session, deux questions, vous le savez, ont préoccupé le pays : l'insuffisance de la dernière récolte et les difficultés extérieures. Mais ces deux questions, je me hâte de le dire, inspirent déjà bien moins de craintes, parce que, malgré leur gravité, on peut en mesurer et limiter l'étendue.

» L'insuffisance de la récolte a été estimée à environ dix millions d'hectolitres de froment, représentant une valeur de près de trois cents millions de francs et le chargement de quatre mille navires. Le Gouvernement pouvait-il entreprendre l'achat de ces dix millions d'hectolitres sur tous les points du globe pour venir ensuite les vendre sur tous les marchés de France ? L'expérience et la sagesse disaient assez haut que cette mesure eût été environnée d'embarras presque insurmontables, d'inconvénients et de dangers sans nombre. Le commerce seul possédait les moyens financiers et matériels d'une aussi grande opération. Le Gouvernement a donc fait la seule chose praticable ; il a encouragé la liberté des transactions en délivrant le commerce des grains de toute entrave. Le prix élevé d'une denrée si nécessaire à l'alimentation générale est une calamité sans doute, mais il n'était ni possible, ni désirable même de s'y soustraire, tant que le déficit n'était pas comblé. Car si le prix du blé eût été inférieur en France à celui des pays circonvoisins, les marchés étrangers eussent été approvisionnés aux dépens des nôtres.

» Cet état de choses devait produire néanmoins un malaise qu'on ne pouvait combattre que par l'activité du travail ou par la charité publique. Le Gouvernement s'est donc efforcé d'ouvrir, dès le commencement de l'année, des crédits qui, dépassant de quelques millions seulement les ressources du budget, amèneront, avec le concours des communes et des compagnies, une masse de travaux évalués à près de 400 millions, sans compter 2 millions affectés par le Ministre de l'intérieur aux établissements de bienfaisance. En même temps, les conseils généraux et municipaux, la charité privée faisaient les plus louables sacrifices pour soulager les souffrances des classes pauvres.

» Je recommande surtout à votre attention le système adopté par la ville de Paris; car s'il se répand, comme je l'espère, par toute la France, il préviendra désormais pour la valeur des céréales ces variations extrêmes qui, dans l'abondance, font languir l'agriculture par le vil prix du blé, et, dans la disette, font souffrir les classes nécessiteuses par sa cherté excessive.

» Ce système consiste à créer dans tous les grands centres de population une institution de crédit appelée *caisse de boulangerie*, qui puisse donner, durant les mois d'une mauvaise année, le pain à un taux *beaucoup* moins élevé que la mercuriale, sauf à le faire payer *un peu plus cher* dans les années de fertilité. Celles-ci étant en général plus nombreuses, on conçoit que la compensation s'opère facilement. On obtient aussi cet immense avantage de fonder des sociétés de crédit, qui, au lieu de gagner d'autant plus que le pain est plus cher, sont intéressées, comme tout le monde, à ce qu'il devienne à bon marché ; car, contrairement à ce qui a existé jusqu'à ce moment, elles font des bénéfices aux jours de fertilité et des pertes aux jours de disette.

» Je suis heureux de vous annoncer maintenant que sept millions d'hectolitres de froment étranger sont déjà livrés à la consommation, indépendamment des quantités en route et en entrepôt ; qu'ainsi les moments les plus difficiles de la crise sont passés.

» Il est un fait remarquable qui m'a profondément touché. Pendant cet hiver rigoureux, pas une accusation n'a été dirigée contre le Gouvernement, et le peuple a subi avec résignation une souffrance qu'il était assez juste pour imputer aux circonstances seules : preuve nouvelle de sa confiance en moi et de sa conviction que son bien-être est avant tout l'objet de mes préoccupations constantes. Mais la disette à peine finie, la guerre commence.

» L'année dernière, dans mon discours d'ouverture, je promettais de faire tous mes efforts pour maintenir la paix et rassurer l'Europe. J'ai tenu parole. Afin d'éviter une lutte, j'ai été aussi loin que me le permettait l'honneur. L'Europe sait maintenant, à n'en plus douter, que si la France tire l'épée c'est qu'elle y aura été contrainte. Elle sait que la France n'a aucune idée d'agrandissement. Elle veut uniquement résister à des empiétements dangereux. Aussi, j'aime à le proclamer hautement, le temps des conquêtes est passé sans retour. Car ce n'est pas en reculant les limites de son territoire qu'une nation peut désormais être honorée et puissante, c'est en se mettant à la tête des idées généreuses, en faisant prévaloir partout l'empire du droit et de la justice. Aussi, voyez les résultats d'une politique sans égoïsme et sans arrière-pensée! voici l'Angleterre, cette ancienne rivale, qui resserre avec nous les liens d'une alliance de jour en jour plus intime, parce que les idées que nous défendons sont en même temps celles du peuple anglais. L'Allemagne, que le souvenir des anciennes guerres rendait encore défiante, et qui, par cette raison, donnait depuis quarante ans peut-être trop de preuves de déférence à la politique du cabinet de Saint-Pétersbourg, a déjà recouvré l'indépendance de ses allures et regarde librement de quel côté se trouvent ses intérêts. L'Autriche surtout, qui ne peut pas voir avec indifférence les événements qui se préparent, entrera dans notre alliance et viendra ainsi confirmer le caractère de moralité et de justice de la guerre que nous entreprenons.

» Voici en effet la question telle qu'elle s'engage. L'Europe, préoccupée de luttes intestines depuis quarante ans, rassurée d'ailleurs par la modération de l'Empereur Alexandre en 1815, comme par celle de son successeur jusqu'à ce jour, semblait méconnaître le danger dont pouvait la menacer la puissance colossale qui, par ses envahissements successifs, embrasse le Nord et le Midi, qui possède presque exclusivement deux mers intérieures, d'où il est facile à ses armées et à ses flottes de s'élancer sur notre civilisation. Il a suffi d'une prétention mal fondée à Constantinople pour réveiller l'Europe endormie.

» Nous avons vu en effet, en Orient, au milieu d'une paix profonde, un souverain exiger tout à coup de son voisin plus faible des avantages nouveaux, et parce qu'il ne les obtenait pas, envahir deux de ses provinces. Seul, ce fait devait mettre les armes aux mains de ceux que l'iniquité révolte. Mais nous avions aussi d'autres raisons d'appuyer la Turquie. La France a autant et peut-être plus d'intérêt que l'Angleterre à ce que l'influence de la Russie ne s'étende pas indéfiniment sur Constantinople ; car régner sur Constantinople, c'est régner sur la Méditerranée, et personne de vous, Messieurs, je le pense, ne dira que l'Angleterre seule a de grands intérêts dans cette mer qui baigne trois cents lieues de nos côtes. D'ailleurs, cette politique ne date pas d'hier; depuis des siècles, tout gouvernement national, en France, l'a soutenue : je ne la déserterai pas.

» Qu'on ne vienne donc plus nous dire : Qu'allez-vous faire à Constantinople? Nous y allons avec l'Angleterre pour défendre la cause du Sultan, et néanmoins pour protéger les droits des chrétiens; nous y allons pour défendre la liberté des mers et notre juste influence dans la Méditerranée; nous y allons avec l'Allemagne pour l'aider à conserver le rang dont on semblait vouloir la faire descendre, pour assurer ses frontières contre la prépondérance d'un voisin trop puissant; nous y allons enfin avec tous ceux qui veulent le triomphe du bon droit, de la justice et de la civilisation.

» Dans cette circonstance solennelle, Messieurs, comme dans toutes celles où je serai obligé de faire appel au pays, je suis sûr de votre appui; car j'ai toujours trouvé en vous les sentiments généreux qui animent la nation. Aussi, fort de cet appui, de la noblesse de la cause, de la sincérité de nos alliances, et confiant surtout dans la protection de Dieu, j'espère arriver bientôt à une paix qu'il ne dépendra plus de personne de troubler impunément. »

7 *mars*. — Dans sa séance de ce jour, à laquelle assistaient 238 membres, le Corps législatif a voté à l'unanimité le projet de loi qui autorise l'emprunt proposé par le Gouvernement.

Le soir, le bureau du Corps législatif, ayant en tête son président, s'est rendu aux Tuileries pour présenter à l'Empereur le projet voté par l'Assemblée. La Chambre s'était réunie aux membres du bureau.

Au discours de Son Excellence M. le président Billault, l'Empereur a répondu :

« Je suis très-touché de l'empressement que vous avez mis à voter cette loi. Votre adhésion me prouve que je ne me suis pas trompé dans la marche que j'ai suivie. Comment n'aurais-je pas compté sur votre concours, nous avons tous les mêmes sentiments, nous représentons tous les mêmes intérêts ; car vous et moi, nous sommes les élus de la France ! »

---

27 *mars*. — Le Ministre d'État se rend au Sénat et au Corps législatif pour y faire une communication au nom de l'Empereur.

A deux heures et demie, le Ministre, introduit par les messagers d'État dans la salle du Corps législatif, lit la déclaration suivante :

« Messieurs les Députés,

» Le Gouvernement de l'Empereur et celui de Sa Majesté Britannique avaient déclaré au cabinet de Saint-Pétersbourg que si le démêlé avec la Sublime Porte n'était pas replacé dans des termes pure-

ment diplomatiques, de même que si l'évacuation
des principautés de Moldavie et de Valachie n'était
pas commencée immédiatement et effectuée à une
date fixe, ils se verraient forcés de considérer une
réponse négative ou le silence comme une déclaration de guerre.

» Le cabinet de Saint-Pétersbourg ayant décidé
qu'il ne répondrait pas à la communication précé-
dente, l'Empereur me charge de vous faire connaître cette résolution, qui constitue la Russie avec
nous dans un état de guerre dont la responsabilité
appartient tout entière à cette puissance. »

A trois heures, le Ministre s'est rendu au Sénat
pour y faire la même déclaration.

---

12 *juillet*. — L'Empereur se rend à Boulogne et
de là à Calais pour assister à l'embarquement de
l'armée expéditionnaire de la Baltique. Après avoir
passé la revue des troupes, Sa Majesté leur adresse
le discours suivant :

« Soldats !

» La Russie nous ayant contraints à la guerre,
la France a armé cinq cent mille de ses enfants.
L'Angleterre a mis sur pied des forces considérables. Aujourd'hui nos flottes et nos armées, unies
pour la même cause, vont dominer dans la Baltique
comme dans la mer Noire. Je vous ai choisis pour

porter les premiers nos aigles dans ces régions du Nord. Des vaisseaux anglais vont vous y transporter, fait unique dans l'histoire, qui prouve l'alliance intime de deux grands peuples et la ferme résolution des deux Gouvernements de ne reculer devant aucun sacrifice pour défendre le droit du plus faible, la liberté de l'Europe et l'honneur national!

» Allez, mes enfants! l'Europe attentive fait ouvertement ou en secret des vœux pour votre triomphe. La patrie, fière d'une lutte où elle ne menace que l'agresseur, vous accompagne de ses vœux ardents; et moi, que des devoirs impérieux retiennent encore loin des événements, j'aurai les yeux sur vous, et bientôt en vous revoyant je pourrai dire : Ils étaient les dignes fils des vainqueurs d'Austerlitz, d'Eylau, de Friedland, de la Moscowa. Allez! Dieu vous protége! »

1er *août*. — L'Empereur adresse de Biarritz au Ministre de la guerre la lettre suivante :

« Monsieur le Maréchal, j'appelle votre attention sur les tristes accidents qui se renouvellent chaque année à pareille époque quand on est obligé de faire voyager des troupes pendant les grandes chaleurs. S'ils ont lieu malgré toutes les précautions prises, il n'y a de reproches à faire à personne; mais si, par excès de zèle, et pour exécuter trop à la lettre un ordre général donné de loin, on compromet la santé et jusqu'à la vie des soldats, je veux que les chefs soient sévèrement blâmés. Je ne citerai pas d'exemples, mais dans plusieurs divisions militaires les généraux n'ont peut-être pas, comme ils devaient le faire, pris sur eux de faire exécuter avec une prudente circonspection les ordres émanés du Ministre de la guerre. En temps de guerre, lorsqu'un chef de corps arrive à l'heure dite au point assigné d'avance, il faut le louer hautement, eût-il laissé la moitié de son monde en route, car alors l'intérêt militaire est le premier de tous; mais, en temps de paix, le premier devoir d'un chef est de ménager ses soldats et d'éviter soigneusement tout ce qui compromettrait inutilement leur vie. Je vous prie donc d'adresser aux commandants des divisions militaires une circulaire qui leur rappelle les précautions à prendre pour prévenir autant que possible le retour de semblables malheurs. Sur ce, monsieur le Maréchal, que Dieu vous ait en sa sainte garde. Écrit à Biarritz, le 1er août 1854.

» NAPOLÉON. »

---

15 août. — Mgr l'Évêque de Bayonne adresse ses félicitations à l'Empereur à l'occasion du 15 août; Sa Majesté répond à Sa Grandeur par le discours suivant :

« Monseigneur,

» L'usage a voulu qu'il y eût un jour de l'année où toute la nation célébrât la fête du souverain. En présence de cette manifestation générale et des prières qui s'adressent au Ciel dans toute la France, c'est le devoir du souverain, à son tour, de se recueillir en lui-même afin de savoir s'il a fait tout ce qui dépendait de lui pour mériter ce concert d'hommages et de vœux. C'est son devoir surtout de venir au pied des autels demander au Ciel, par l'intercession de ses ministres sacrés, de bénir ses efforts, d'éclairer sa conscience et de lui donner sans cesse la force de faire le bien et de combattre le mal.

» Ma présence à Bayonne en ce jour est un fait que je constate avec plaisir. Il prouve que la France, calme et heureuse, n'a plus de ces craintes qui obligent le chef de l'État à être toujours armé et sur le qui-vive dans la capitale. Il prouve que la France peut soutenir une guerre lointaine sans que sa vie intérieure cesse d'être libre et régulière.

» Je vous remercie, Monseigneur, des vœux que vous adressez au Ciel pour moi ; mais veuillez aussi appeler sa protection sur nos armées ; car prier pour ceux qui combattent comme pour ceux qui souffrent, c'est encore prier pour moi. »

20 *août*. — L'Empereur adresse la proclamation suivante à l'armée d'Orient :

« Soldats et Marins de l'armée d'Orient,

» Vous n'avez pas encore combattu, et déjà vous avez obtenu un éclatant succès. Votre présence et celle des troupes anglaises ont suffi pour contraindre l'ennemi à repasser le Danube, et les vaisseaux russes restent honteusement dans leurs ports. Vous n'avez pas encore combattu, et déjà vous avez lutté avec courage contre la mort. Un fléau redoutable, quoique passager, n'a pas arrêté votre ardeur. La France et le Souverain qu'elle s'est donné ne voient pas sans une émotion profonde, sans faire tous les efforts pour vous venir en aide, tant d'énergie et tant d'abnégation.

» Le premier Consul disait en 1799 dans une proclamation à son armée : « La première qualité du » soldat est la constance à supporter les fatigues et » les privations ; la valeur n'est que la seconde. » La première, vous la montrez aujourd'hui ; la deuxième, qui pourrait vous la contester ? Aussi nos ennemis, disséminés depuis la Finlande jusqu'au Caucase, cherchent avec anxiété jusqu'à quel point la France et l'Angleterre porteront leurs coups, qu'ils prévoient bien être décisifs ; car le droit, la justice, l'inspiration guerrière sont de notre côté.

» Déjà Bomarsund et deux mille prisonniers viennent de tomber en notre pouvoir. Soldats, vous suivrez l'exemple de l'armée d'Égypte ; les vainqueurs des Pyramides et du mont Thabor avaient comme vous à combattre des soldats aguerris et la maladie ; mais, malgré la peste et les efforts de trois armées, ils revinrent honorés dans leur patrie.

» Soldats, ayez confiance en votre général en chef et en moi. Je veille sur vous, et j'espère, avec l'aide de Dieu, voir bientôt diminuer vos souffrances et augmenter votre gloire. Soldats, au revoir.

» NAPOLÉON. »

---

2 *septembre*. — L'Empereur adresse à l'armée de Boulogne l'ordre du jour suivant :

« Soldats !

» En venant prendre le commandement de cette armée du Nord, dont une division s'est récemment illustrée dans la Baltique, je dois déjà vous adresser des éloges, car depuis deux mois vous avez supporté gaiement les fatigues et les privations inséparables d'une pareille agglomération de troupes.

» La formation des camps est le meilleur apprentissage de la guerre, parce qu'elle en est l'image fidèle ; mais elle ne profiterait pas à tous si l'on ne mettait à la portée de chacun la raison des mouvements à exécuter.

» Une armée nombreuse est obligée de se diviser

pour vivre, afin de ne pas épuiser les ressources d'un pays, et néanmoins elle doit pouvoir se réunir promptement sur un champ de bataille. Là est l'une des premières difficultés d'un grand rassemblement. — « Toute armée, disait l'Empereur, dont » les différentes parties ne peuvent se réunir en » vingt-quatre heures sur un point donné est une » armée mal placée. » La nôtre occupe un triangle dont Saint-Omer est le sommet et dont la base s'étend d'Ambleteuse à Montreuil. Ce triangle a huit lieues de base sur douze de hauteur, et toutes les troupes peuvent se concentrer en vingt-quatre heures sur un point quelconque du triangle. Ces mouvements s'opéreront avec facilité si le soldat est habitué à la marche, — s'il porte aisément ses vivres et ses munitions, — si chaque chef de corps maintient en route la discipline la plus sévère, — si les diverses colonnes qui se dirigent par des routes différentes ont bien reconnu le terrain et ne cessent jamais d'être en communication entre elles, — enfin si aucune arme ne gêne la marche de l'autre, malgré l'immense embarras d'un grand nombre de chevaux et de voitures. Les troupes une fois arrivées au lieu indiqué, il faut s'éclairer, se garder militairement et bivouaquer.

» Voilà ce que vous allez être appelés à mettre en pratique. Sans donc parler des combats et des manœuvres de tactique, vous voyez comme tout s'enchaîne dans l'art de la guerre, et combien le plus simple détail doit contribuer au succès général.

» Soldats! les chefs expérimentés que j'ai placés à votre tête et le dévouement qui vous anime me rendront facile le commandement de l'armée du Nord, vous serez dignes de ma confiance, et si les circonstances l'exigeaient, vous serez prêts à répondre à l'appel de la patrie.

» Boulogne, le 2 septembre 1854.

» NAPOLÉON. »

30 *septembre.* — L'Empereur passe la revue des troupes du camp de Boulogne.

Avant le défilé, Sa Majesté prononce le discours suivant :

« Soldats!

» Je vous quitte, mais pour revenir bientôt juger par moi-même de vos progrès et de votre persévérance.

» La création du camp du Nord, vous le savez, a eu pour but de rapprocher nos troupes du littoral, afin qu'unies plus promptement à celles d'Angleterre, elles se portent partout où l'honneur des deux nations en ferait un devoir. — Il a été créé pour montrer à l'Europe que, sans dégarnir aucun point de l'intérieur, nous pouvions facilement rassembler près de cent mille hommes de Cherbourg à Saint-Omer. — Il a été créé pour vous habituer aux exercices militaires, aux marches, aux fatigues, et, croyez-moi, rien n'égale pour le soldat cette vie en commun et en plein air qui apprend à se connaître et à résister à l'intempérie des saisons.

» Sans doute le séjour du camp sera rigoureux pendant l'hiver ; mais je compte sur les efforts de chacun pour le rendre profitable à tous. La patrie, d'ailleurs, réclame de chacun de nous un concours actif : les uns protégent la Grèce contre l'influence funeste de la Russie ; les autres maintiennent à Rome l'indépendance du Saint-Père ; les autres affermissent et étendent notre domination en Afrique ; d'autres enfin plantent peut-être aujourd'hui même nos aigles sur les murs de Sébastopol. Eh bien, vous, qu'excitent de si nobles exemples, et dont une division vient de s'illustrer par la prise de Bomarsund, vous serez d'autant plus capables de contribuer pour votre part à l'œuvre commune que vous serez plus aguerris aux travaux de la guerre.

» Ce sol classique que vous foulez aux pieds a déjà formé des héros ; cette colonne, élevée par nos pères, rappelle de bien grands souvenirs, et la statue qui la surmonte semble, par un hasard providentiel, indiquer la route à suivre. Voyez cette statue de l'Empereur : elle s'appuie sur l'Occident et menace l'Orient. De là, en effet, le danger pour la civilisation moderne ; de notre côté, le rempart pour la défendre.

» Soldats ! vous serez dignes de votre noble mission. »

3 *octobre.* — L'Empereur adresse la lettre suivante au Ministre de l'intérieur :

« Saint-Cloud, le 3 octobre 1854.

» Monsieur le Ministre, on me communique l'extrait suivant d'une lettre de Barbès. Un prisonnier
qui conserve, malgré de longues souffrances, de
si patriotiques sentiments, ne peut pas, sous mon
règne, rester en prison. Faites-le donc mettre en
liberté sur-le-champ et sans conditions. Sur ce, je
prie Dieu qu'il vous ait en sa sainte garde.

» NAPOLÉON. »

———

(EXTRAIT D'UNE LETTRE DE BARBÈS [1].)

« Prison de Belle-Isle, le 18 septembre 1854.

. . . .

. . . . « Je suis bien heureux aussi de te voir dans
les sentiments que tu m'exprimes. Si tu es affecté
de chauvinisme, parce que tu ne fais pas de vœux
pour les Russes, je suis encore plus chauvin que
toi, car j'ambitionne des victoires pour nos Français. Oui! oui! qu'ils battent bien là-bas les Cosa-
ques, et ce sera autant de gagné pour la cause de

[1] Conformément à la volonté de l'Empereur, l'ordre de
mettre M. Barbès en liberté sans conditions a été immédiatement transmis par le télégraphe.

la civilisation et du monde! Comme toi, j'aurais désiré que nous n'eussions pas la guerre; mais puisque l'épée est tirée, il est nécessaire qu'elle ne rentre pas dans le fourreau sans gloire. Cette gloire profitera à la nation qui en a besoin, plus qu'à personne. Depuis Waterloo, nous sommes les vaincus de l'Europe, et pour faire quelque chose de bon, même chez nous, je crois qu'il est utile de montrer aux étrangers que nous savons manger de la poudre. Je plains notre parti, s'il en est qui pensent autrement. Hélas! il ne nous manquait plus que de perdre le sens moral, après avoir perdu tant d'autres choses. »

---

24 *novembre*. — L'Empereur adresse au général en chef de l'armée d'Orient la lettre qui suit :

« Palais de Saint-Cloud, le 24 novembre 1854.

» Général, votre rapport sur la victoire d'Inkermann m'a profondément ému. Exprimez en mon nom à l'armée toute ma satisfaction pour le courage qu'elle a déployé, pour son énergie à supporter les fatigues et les privations, pour sa chaleureuse cordialité envers nos alliés. Remerciez les généraux, les officiers, les soldats de leur vaillante conduite. Dites-leur que je sympathise vivement à leurs maux, aux pertes cruelles qu'ils ont faites, et que ma sollicitude la plus constante sera d'en adoucir l'amertume.

» Après la brillante victoire de l'Alma, j'avais espéré un moment que l'armée ennemie en déroute n'aurait pas réparé si promptement ses pertes, et que Sébastopol serait bientôt tombé sous nos coups; mais la défense opiniâtre de cette ville et les renforts arrivés à l'armée russe arrêtent un moment le cours de nos succès. Je vous applaudis d'avoir résisté à l'impatience des troupes demandant l'assaut dans des conditions qui auraient entraîné des pertes trop considérables.

» Les gouvernements anglais et français veillent avec une ardente attention sur leur armée d'Orient. Déjà des bateaux à vapeur franchissent les mers pour vous porter des renforts considérables. Ce surcroît de secours va doubler vos forces et vous permettre de prendre l'offensive. Une diversion puissante va s'opérer en Bessarabie, et je reçois l'assurance que, de jour en jour à l'étranger, l'opinion publique nous est de plus en plus favorable. Si l'Europe a vu sans crainte nos aigles si longtemps bannies se déployer avec tant d'éclat, c'est qu'elle sait bien que nous combattons seulement pour son indépendance. Si la France a repris le rang qui lui est dû, et si la victoire est encore venue illustrer nos drapeaux, c'est, je le déclare avec fierté, au patriotisme et à l'indomptable bravoure de l'armée que je le dois.

» J'envoie le général de Montebello, l'un de mes

aides de camp, pour porter à l'armée les récompenses qu'elle a si bien méritées. Sur ce, Général, je prie Dieu qu'il vous ait en sa sainte garde.

» NAPOLÉON. »

26 *décembre.* — L'Empereur a fait en personne, au palais des Tuileries, dans la salle des Maréchaux, l'ouverture de la session législative pour l'année 1855, en présence des membres du Corps diplomatique, des Ministres, du Conseil d'État, des députations des cours et tribunaux et de l'armée.

L'Empereur, s'étant assis, a prononcé le discours suivant :

« Messieurs les Sénateurs,

» Messieurs les Députés,

» Depuis votre dernière réunion de grands faits se sont accomplis. L'appel que j'ai adressé au pays pour couvrir les frais de la guerre a été si bien entendu que le résultat a même dépassé mes espérances. Nos armes ont été victorieuses dans la Baltique comme dans la mer Noire. Deux grandes batailles ont illustré notre drapeau. Un éclatant témoignage est venu prouver l'intimité de nos rapports avec l'Angleterre. Le Parlement a voté des félicitations à nos généraux et à nos soldats. Un grand Empire, rajeuni par les sentiments chevaleresques de son Souverain, s'est détaché de la puissance qui depuis quarante ans menaçait l'indépendance de l'Europe. L'Empereur d'Autriche a conclu un traité défensif aujourd'hui, offensif bientôt peut-être, qui unit sa cause à celle de la France et de l'Angleterre.

» Ainsi, Messieurs, plus la guerre se prolonge, plus le nombre de nos alliés augmente, et plus se resserrent les liens déjà formés. Quels liens plus solides, en effet, que des noms de victoires appartenant aux deux armées et rappelant une gloire commune, que les mêmes inquiétudes et le même espoir agitant les deux pays, que les mêmes vues et les mêmes intentions animant les deux Gouvernements sur tous les points du globe! Aussi l'alliance avec l'Angleterre n'est-elle pas l'effet d'un intérêt passager et d'une politique de circonstance; c'est l'union de deux puissantes nations associées pour le triomphe d'une cause dans laquelle depuis plus d'un siècle se trouvent engagés leur grandeur, les intérêts de la civilisation en même temps que la liberté de l'Europe. Joignez-vous donc à moi en cette occasion solennelle pour remercier ici, au nom de la France, le Parlement de sa démonstration cordiale et chaleureuse, l'armée anglaise et son digne chef de leur vaillante coopération.

» L'année prochaine, si la paix n'est pas encore rétablie, j'espère avoir les mêmes remercîments à adresser à l'Autriche, et à cette Allemagne dont nous désirons l'union et la prospérité.

» Je suis heureux de payer un juste tribut d'éloges à l'armée et à la flotte, qui, par leur dévouement et leur discipline, ont, en France comme en Algérie, au Nord comme au Midi, dignement répondu à mon attente.

» L'armée d'Orient a jusqu'à ce jour tout souffert et tout surmonté; l'épidémie, l'incendie, la tempête, les privations, une place sans cesse ravitaillée, défendue par une artillerie formidable de terre et de mer, deux armées ennemies supérieures en nombre, rien n'a pu affaiblir son courage ni arrêter son élan. Chacun a noblement fait son devoir, depuis le maréchal qui a semblé forcer la mort à attendre qu'il eût vaincu, jusqu'au soldat et au matelot, dont le dernier cri en expirant était un vœu pour la France, une acclamation pour l'Élu du pays. Déclarons-le donc ensemble, l'armée et la flotte ont bien mérité de la patrie.

» La guerre, il est vrai, entraîne de cruels sacrifices; cependant, tout me commande de la pousser avec vigueur, et, dans ce but, je compte sur votre concours.

» L'armée de terre se compose aujourd'hui de 581,000 soldats et de 113,000 chevaux; la marine a 62,000 matelots embarqués. Maintenir cet effectif est indispensable. Or, pour remplir les vides occasionnés par les libérations annuelles et par la guerre, je vous demanderai, comme l'année dernière, une levée de 140,000 hommes. Il vous sera présenté une loi qui a pour but d'améliorer, sans augmenter les charges du trésor, la position des soldats qui se rengagent. Elle procurera l'immense avantage d'accroître dans l'armée le nombre des anciens soldats, et de permettre de diminuer plus tard le poids de la conscription. Cette loi, je l'espère, aura bientôt votre approbation.

» Je vous demanderai l'autorisation de conclure un nouvel emprunt national. Sans doute, cette mesure accroîtra la dette publique; n'oublions pas néanmoins que, par la conversion de la rente, l'intérêt de cette dette a été réduit de 21 millions et demi. Mes efforts ont eu pour but de mettre les dépenses au niveau des recettes, et le budget ordinaire vous sera présenté en équilibre; les ressources de l'emprunt seules feront face aux besoins de la guerre.

» Vous verrez avec plaisir que nos revenus n'ont pas diminué. L'activité industrielle se soutient, tous les grands travaux d'utilité publique se continuent, et la Providence a bien voulu nous donner une récolte qui satisfait à nos besoins. Le Gouvernement, néanmoins, ne ferme pas les yeux sur le malaise occasionné par la cherté des subsistances; il a pris toutes les mesures en son pouvoir pour prévenir ce malaise, et pour le soulager il a créé dans beaucoup de localités de nouveaux éléments de travail.

» La lutte qui se poursuit, circonscrite par la

modération et la justice, tout en faisant palpiter les cœurs, effraye si peu les intérêts, que bientôt des diverses parties du globe se réuniront ici tous les produits de la paix. Les étrangers ne pourront manquer d'être frappés du saisissant spectacle d'un pays qui, comptant sur la protection divine, soutient avec énergie une guerre à six cents lieues de ses frontières, et qui développe avec la même ardeur ses richesses intérieures; un pays où la guerre n'empêche pas l'agriculture et l'industrie de prospérer, les arts de fleurir, et où le génie de la nation se révèle dans tout ce qui peut faire la gloire de la France. »

---

28 *décembre*. — Le Corps législatif tout entier se rend au palais des Tuileries pour remettre à l'Empereur la loi d'emprunt votée dans la séance de ce jour.

L'Empereur répond en ces termes au discours de M. le comte de Morny, président :

« Le Corps législatif m'a déjà donné tant de preuves de son patriotisme, que je ne puis m'étonner de l'empressement avec lequel il a voté la loi qui doit m'assurer les moyens de poursuivre la guerre avec vigueur.

» Je vous remercie des sentiments que vous venez de m'exprimer par l'organe de votre Président. Je chargerai mon Ministre des affaires étrangères de transmettre au gouvernement de la Reine d'Angleterre les témoignages de sympathie et de reconnaissance du Corps législatif pour l'armée et la flotte anglaise ainsi que pour ses dignes chefs.

» La France, avec le loyal et énergique concours de ses alliés, peut attendre sans inquiétude l'issue de la guerre dans laquelle elle est engagée, et, appuyée sur ses vaillantes armées de terre et de mer, elle saura maintenir le rang qui lui est dû en Europe. »

FIN.

[illegible] 108 [illegible]

[illegible]